# Lustiger Kreuzstich

Wir danken Cristina Sperandeo, von der die Idee zur Entstehung dieses Buches ausging.

Susanna Parachini danken wir für die Ausführung der Stickarbeiten und der Gegenstände, die die Anregung zu den abgebildeten Räumen gegeben haben.
La compania del cotone, Via Macedonio Melloni, 35 – Milano

Luisa Santucci danken wir dafür, dass sie ihre wertvolle Erfahrung sowie das in diesem Buch fotografierte Kreuzstich-Material zur Verfügung gestellt hat.
DMC – Viale Italia, 20020 Lainate – Milano

Originaltitel: PERSONAGGI A PUNTO CROCE
Originalverlag: R. C. S. Libri S. p. A., Mailand

Deutsche Erstausgabe



Fotografien: Alberto Bertoldi
Grafische Gestaltung: Paola Masera, Amelia Verga und
Beatrice Brancaccio
Bearbeitung der deutschen Ausgabe: Maasburg GmbH, München
Einbandgestaltung: Artelier Hofstätter, München
Gesamtherstellung: Egedsa S. A., Sabadell
Printed in Spain
ISBN 3-8289-5984-9

**C. Cazzolaro • F. Casella**

# Lustiger Kreuzstich

## Fröhliche Motive der Kinderwelt

**Bechtermünz Verlag**

# INHALT

# EINFÜHRUNG

Als wir – mehr oder weniger zufällig – damit anfingen, Muster für Kreuzstickereien zu entwerfen, hätten wir uns nicht träumen lassen, dass daraus schon in kurzer Zeit eine richtige Arbeit werden würde. Eine Arbeit, die uns begeistert und viel Spaß macht, dabei aber keineswegs leicht ist. Man läuft immer wieder Gefahr, schon Bekanntes zu wiederholen. Daher braucht man viel Fantasie, um der ständig wachsenden Zahl begeisterter Kreuzstickerinnen neue Entwürfe zu präsentieren.

Für dieses Buch haben wir auf die Fantasie und Kreativität der beliebtesten Kinderbuch-Illustratoren und auf die Figuren zurückgegriffen, die ihrem Zeichenstift oder Pinsel entstammen. Es hat nicht lange gedauert, bis wir uns in die Fantasiewelt der Kinder hineingedacht hatten und uns lebhaft vorstellen konnten, wie zum Beispiel Puppi, das sympathische Bärchen, auf einem Lätzchen oder der Hase Felix auf einem bestickten Schulrucksack aussehen würde.

Und so hat alles begonnen: Jede Figur wurde auf Rasterpapier übertragen. Diese Zählvorlage stellt die Grundlage für jede Kreuzstickerei dar. Die Besonderheiten und Farbtöne jeder einzelnen Figur auf diese Weise getreulich wiederzugeben war nicht einfach, doch wir hoffen, dass es uns gelungen ist. Das Ergebnis unserer Mühen finden Sie in diesem Buch: über 250 Stickvorlagen. Das ist aber noch nicht alles: Auf den Aufmacherseiten zu jeder Figur haben wir Anregungen zusammengestellt, wie Sie mit den Stickereien eine Schreibtischgarnitur, Kleidung oder das ganze Kinderzimmer „aus einem Guss" verzieren können. Lassen Sie sich davon inspirieren oder sticken Sie die Lieblingsfiguren Ihrer Kinder auf Gegenstände Ihrer Wahl.
Auf manchen Vorlagen kommen italienische Wörter aus den Originalzeichnungen vor, die Sie weglassen oder durch dazu passende Wörter ersetzen können.

Es macht gar nichts, wenn Sie noch keine Erfahrung mit der Kreuzstickerei haben: Sie brauchen dafür nur ein wenig Konzentration und Geduld. Fangen Sie mit einem ganz einfachen Motiv an, und gehen Sie Schritt für Schritt die Seiten mit den Anleitungen zu den Grundtechniken durch. Bald werden Sie Erfahrung sammeln, sodass Ihre Kreuzstickereien perfekt gelingen.

Allen Müttern, Großmüttern und Tanten wünschen wir viel Freude am Sticken und gutes Gelingen ... und lassen Sie Ihre Kinder entscheiden, was sie als erstes gestickt sehen möchten. Unsere Kinder haben ihre Wahl schon getroffen.

413
415
420
422
444
445
606
647
680
742
775
827
973
976
3773
nero
bianco
124
353

# GRUNDBEGRIFFE DER KREUZSTICKEREI

# MATERIAL

*Perlgarn*

*Sticktwist (Moulinégarn)*

## GARN

Das gängigste Garn für Kreuzstickereien ist der Sticktwist (Moulinégarn), der – in meist sechsfädigen Strängen – in großer Farbauswahl erhältlich ist. Für die Modelle in diesem Buch wurde Moulinégarn der Firma DMC verwendet. Jede Farbe entspricht einer Nummer auf der Farbkarte. Neben jeder Stickvorlage, die aus vielen kleinen Kästchen besteht, sind die Farben und die entsprechenden Farbnummern der für diese Stickerei benötigten Garne angegeben. Sticktwist wird meist zweifädig verwendet. Für sehr fein gewebten Stoff können Sie aber auch nur einen Faden nehmen, gröbere Gewebe können Sie dreifädig besticken. Ein anderes häufig für Kreuzstickereien verwendetes Garn ist das Perlgarn, das grundsätzlich ungeteilt verwendet wird. Perlgarn eignet sich ganz besonders für Stickereien, die eine Reliefwirkung bekommen sollen.

*Aida-Stoff*

*Stickband mit Aida-Struktur*

## STICKGRUND

Besonders einfach sind Kreuzstickereien auf Aida-Stoff auszuführen. Bei diesem Gewebe bildet die Fadenbindung kleine Kästchen, die das Sticken leicht machen.
Wichtig für die Größe der fertigen Stickerei ist die Zahl der Kästchen oder Stiche je 10 cm Gewebe: Aida-Stoff mit 44 Stichen auf 10 cm ist auch für Anfänger leicht zu besticken. Feiner, aber auch kleiner geraten die Motive auf Stern-Aida-Stoff mit etwa 54 Stichen oder Fein-Aida-Stoff mit rund 72 Stichen auf 10 cm.
Praktisch sind Stickbänder, deren – oft farbig verzierte – Webkanten nicht mehr versäubert werden müssen. Diese Bänder gibt es in verschiedenen Breiten aus Aida-Stoff, aber auch aus Baumwoll- oder Leinengewebe mit zählbarer Webstruktur zu kaufen. Außerdem werden Lätzchen aus Baumwolle und Frottee, Handtücher, Geschirrtücher, Topflappen sowie Tragetaschen mit Aida-Einsätzen zum Besticken angeboten.

# DAS ABC DES KREUZSTICHS

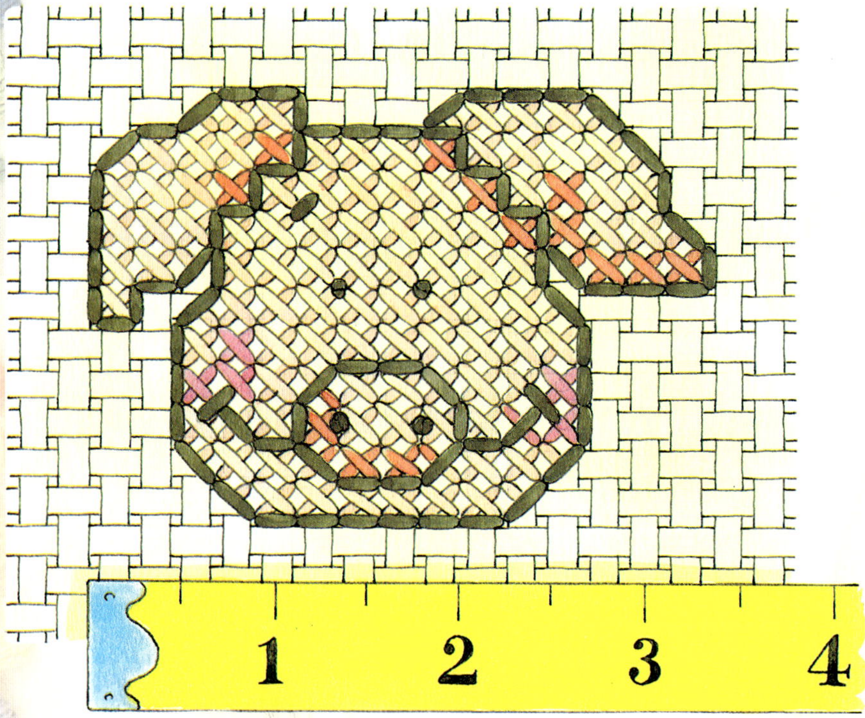

## WIE GROSS WIRD DIE STICKEREI?

Wie groß eine Stickerei tatsächlich ausfällt, hängt vom dafür verwendeten Gewebe ab. Bei Aida-Stoffen lässt sich die Größe der fertigen Stickerei leicht berechnen: Zählen Sie auf der Vorlage ab, wie viele Kästchen bestickt werden (um das Abzählen zu erleichtern, ist auf den Vorlagen jede zehnte Rasterlinie dicker dargestellt). Anschließend zählen Sie auf dem Aida-Gewebe die gleiche Anzahl Kästchen ab – nun können Sie mit dem Maßband die Größe der fertigen Stickerei ganz einfach abmessen.

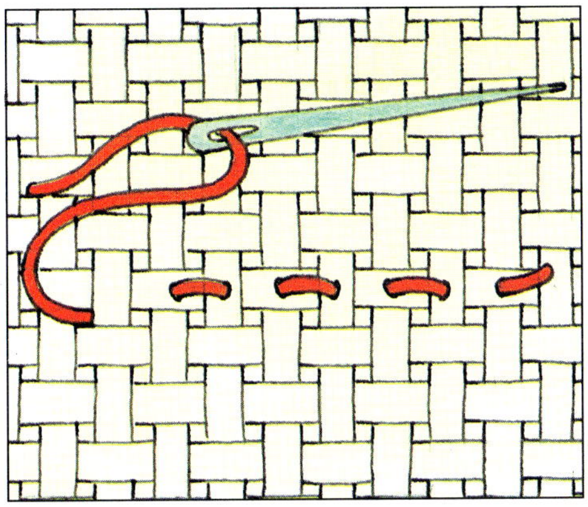

### Der Anfang

Beim Kreuzstich arbeitet man waagerecht, diagonal oder senkrecht. Die Vorlage besteht aus lauter kleinen Kästchen, wobei jedes dieser Quadrate einem Kreuzstich entspricht. Jeder Kreuzstich besteht aus zwei schrägen Einzelstichen, wobei alle unteren Stiche, die Grundstiche, von links unten nach rechts oben und alle Deckstiche von links oben nach rechts unten weisen. Sie beginnen eine neue Stickerei auf der rechten Seite der Arbeit mit vier oder fünf waagerechten Stichen, bei denen die Nadel in die Mitte der Fadenkreuze eingestochen und zuletzt am Anfangspunkt der Stickerei hervorgeholt wird. Diese Anfangsstiche werden anschließend von der Kreuzstickerei verdeckt.

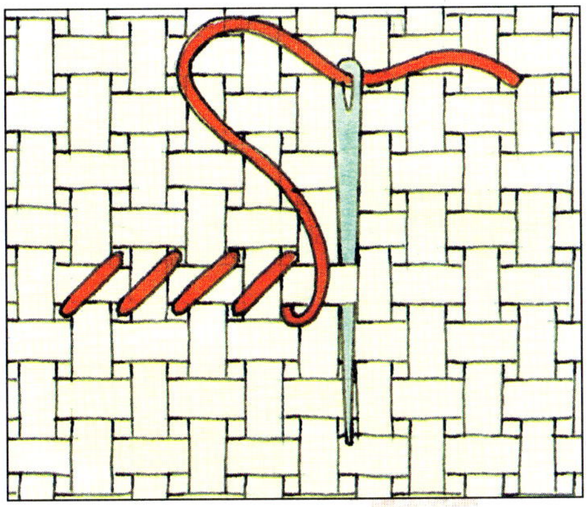

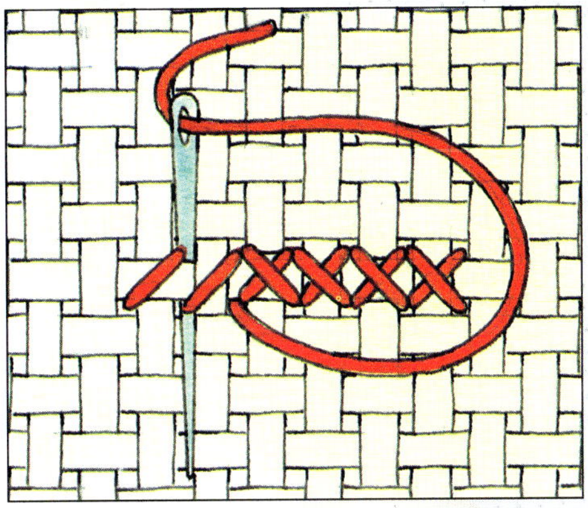

### Waagerechte Reihen

Sie sticken in Hin- und Rückreihen. In der Hinreihe sticken Sie von links nach rechts und stechen die Nadel von oben nach unten ein. Bei der Rückreihe führen Sie die Nadel ebenso, arbeiten aber in umgekehrter Richtung.

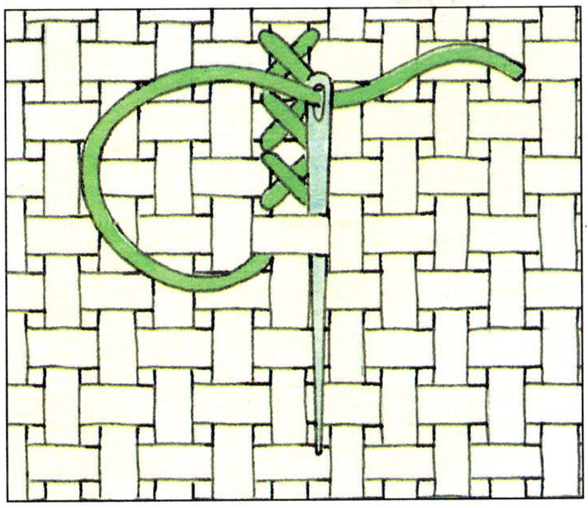

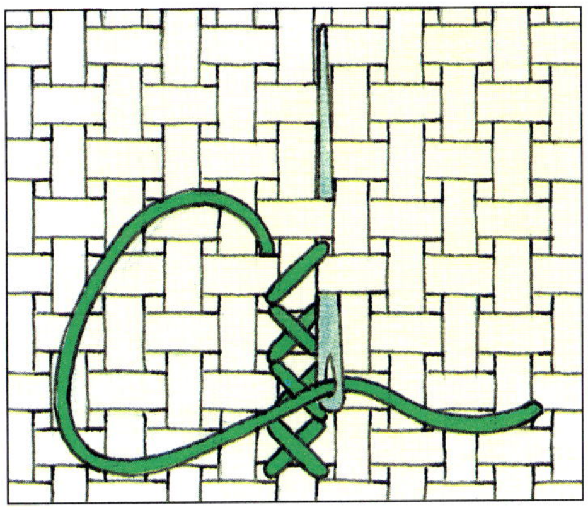

### Senkrechte Reihen

Von oben nach unten: Jeder Kreuzstich wird einzeln gestickt; der erste Stich wird von links nach rechts mit senkrecht geführter Nadel gearbeitet, der zweite von rechts nach links, wobei die Nadel senkrecht eingestochen und am Ausgangspunkt für den nächsten Kreuzstich herausgeführt wird.

Von unten nach oben: Die Arbeitsweise ist dieselbe, nur wird hier der erste Stich von rechts nach links gestickt und der zweite von links nach rechts.

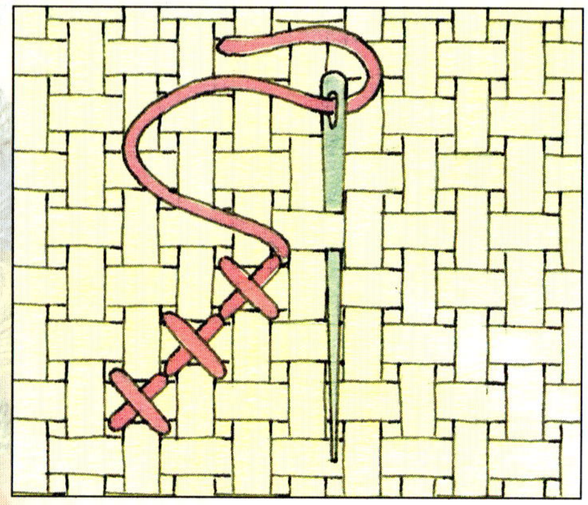

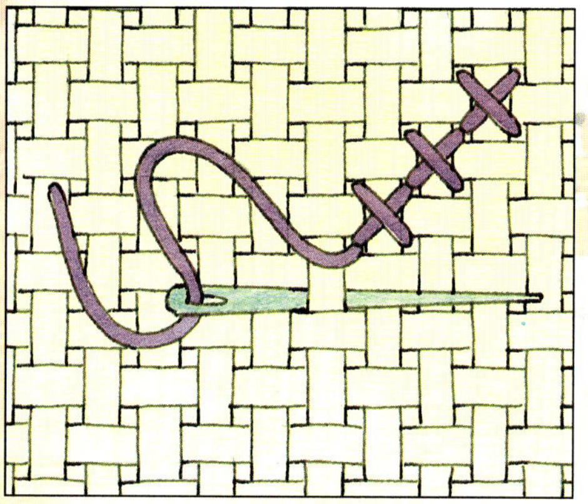

**Diagonalen**

*Von oben nach unten: Man stickt jeden Kreuzstich einzeln; der erste Stich wird von links nach rechts gearbeitet und die Nadel dabei senkrecht eingestochen; beim zweiten Stich arbeitet man von rechts nach links, sticht die Nadel waagerecht ein und holt sie am Anfangspunkt des zweiten Kreuzstichs hervor.*

*Von unten nach oben: Hier wird genauso gestickt, doch wird der erste Stich von rechts nach links gearbeitet und der zweite von links nach rechts.*

**Halber Kreuzstich**

*Beim ersten Stich arbeitet man wie sonst von links nach rechts und sticht die Nadel von oben nach unten ein. Den zweiten Stich arbeitet man von rechts nach links und sticht die Nadel in die Mitte des Fadenquadrates ein. Für halbe Kreuzstiche in anderen Richtungen sticken Sie immer einen normalen Stich in der für die Vorlage erforderlichen Diagonalen und anschließend einen halben Stich, der in der Mitte des Gewebekästchens beginnt oder endet. Wenn die Vorlage es erfordert, sticken Sie die andere Hälfte dieses Stiches in der angegebenen Farbe.*

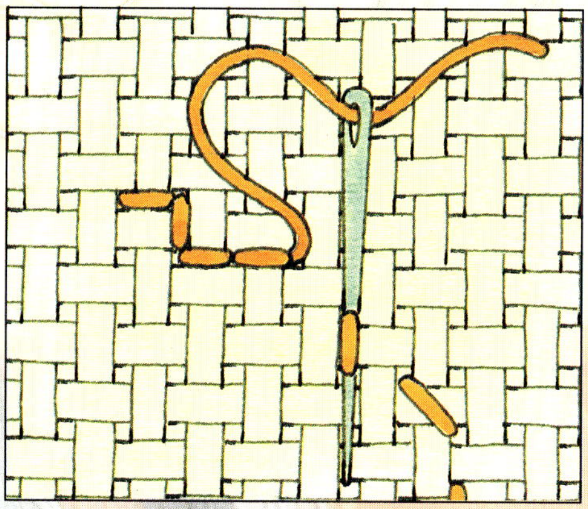

**Holbeinstich**

*Der Holbeinstich wird für Konturen oder Buchstaben verwendet. In Hinreihen führt man den Faden jeweils über ein Kästchen, geht unter dem nächsten durch und überstickt das folgende. Auf dem Rückweg werden die Lücken überstickt, sodass eine geschlossene Linie entsteht.*

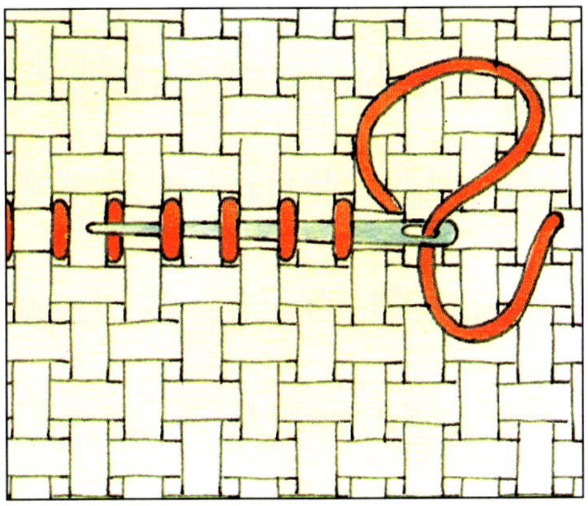

ENDE DER ARBEIT
Auf der Rückseite der Arbeit wird der Faden unter den letzten Stichen durchgeführt und dann abgeschnitten.

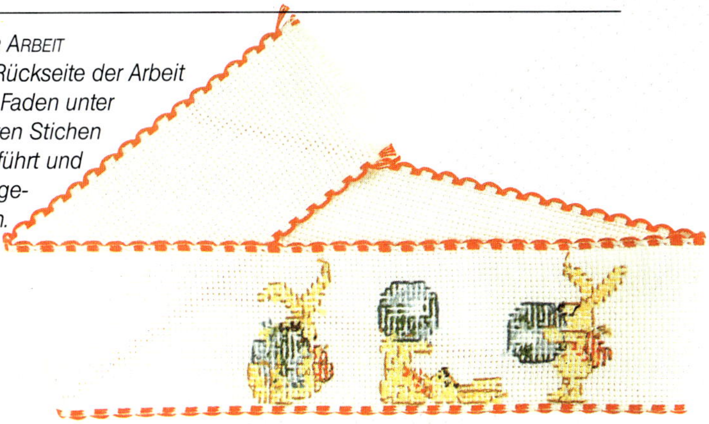

## TIPS

Waschen Sie den Stoff nicht, bevor Sie ihn besticken: Die Fadenstruktur bleibt so besser sichtbar und es stickt sich leichter. Sticken Sie mit Fäden, die höchstens 30 cm lang sind, um Knötchen zu vermeiden und den Glanz des Garnes zu erhalten. Versuchen Sie, jeden Kreuzstich mit derselben Fadenspannung zu sticken. In der fertigen Arbeit fallen sehr straff oder lose gestickte Stiche auf. Stickereien werden immer auf der Rückseite gebügelt, möglichst auf einer weichen Unterlage, um sie besonders plastisch erscheinen zu lassen. Wenn Sie bereits fertig gekaufte Gegenstände – wie Lätzchen oder Handtücher – besticken, müssen Sie die Stelle, die bestickt werden soll, genau festlegen. Berechnen Sie die Größe der Stickerei und umheften Sie den entsprechenden Bereich rechteckig mit einem kontrastfarbenen Faden, den Sie nach Beendigung der Stickerei wieder entfernen. Legen Sie den Ausgangspunkt fest. Dann beginnen Sie in der linken oberen Ecke und arbeiten nach rechts und unten, das ist die einfachste Methode. Wenn Sie eine Arbeit beenden, bewahren Sie stets das Garnetikett mit der Farbnummer mit dem Rest des Stranges auf, damit Sie das Garn bei einer neuen Stickerei wieder verwenden können. Falls der Rest nicht für eine weitere Arbeit ausreicht, können Sie mit der Farbnummer auf dem Etikett Garn nachkaufen und bekommen sicher dieselbe Farbe.

# PUPPI

Puppi ist eine liebevoll gezeichnete Figur, die von Anton Gionata Ferrari ins Leben gerufen wurde, einem jungen Illustrator von Kinderbüchern, der schon für mehrere Verlage und in einem Zeichentrickfilm-Studio gearbeitet hat.

Puppi ist knapp über ein Jahr alt, hat einen runden Kopf und wenig Haare, eine lustige rote Knollennase und sieht eher wie ein Bärchen aus als wie ein kleines Kind. Wie alle Kleinen hat Puppi Spaß am Spielen, Essen, Knuddeln und Baden und all den anderen Dingen, die den Alltag von Kleinkindern ausmachen.

307
606
702
740
996
schw.

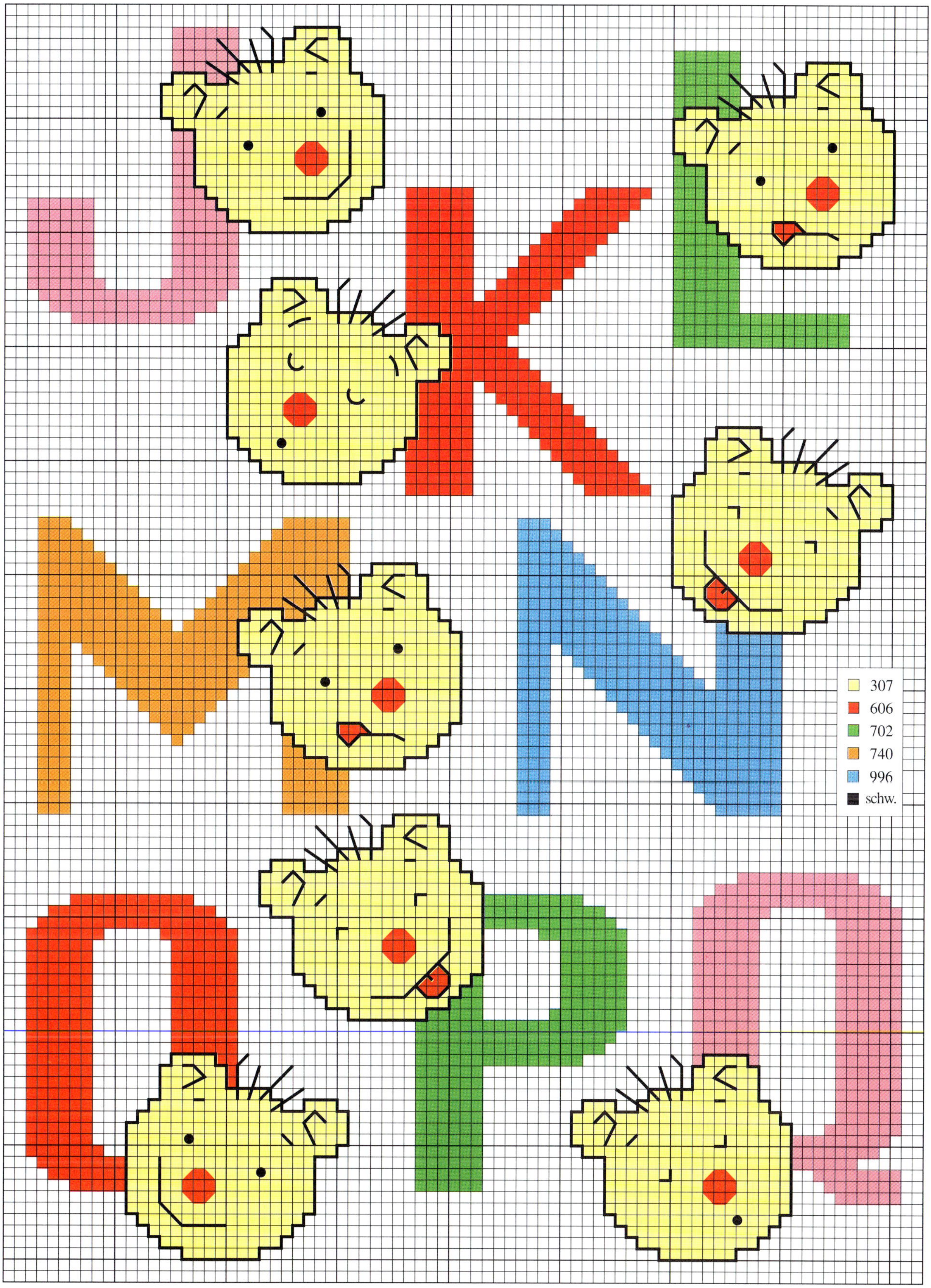

| | |
|---|---|
| ■ | 307 |
| ■ | 606 |
| ■ | 702 |
| ■ | 740 |
| ■ | 996 |
| ■ | schw. |

307
606
702
740
996
schw.

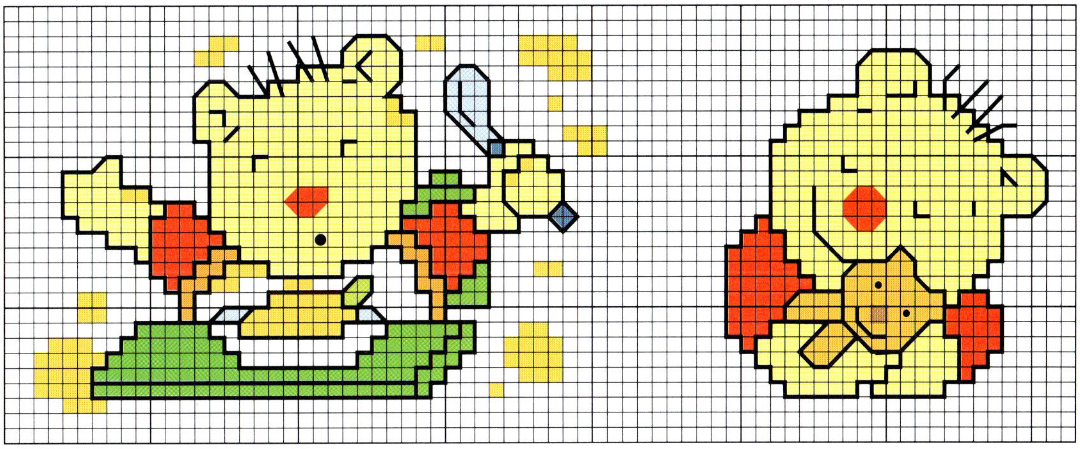

307
606
702
740
742
780
824
827
906
973
schwarz
weiß

307
435
554
606
996
schwarz

307
435
518
606
3805
schwarz
weiß

- 307
- 544
- 606
- 702
- 742
- 780
- 827
- schwarz
- weiß

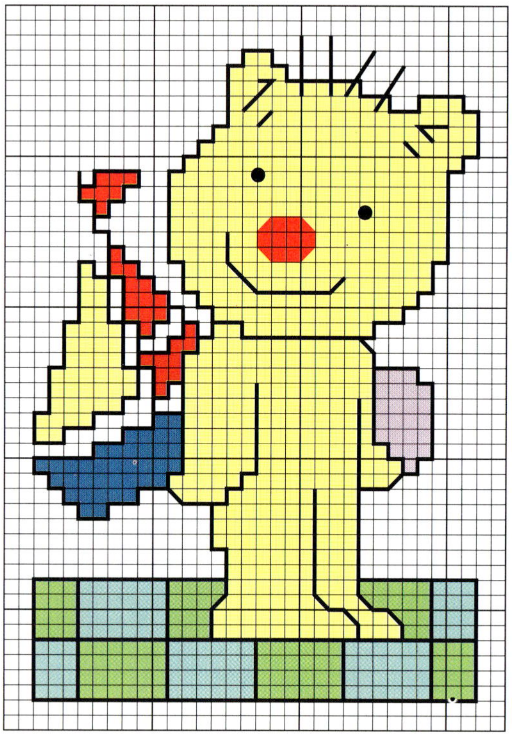

- 307
- 554
- 606
- 704
- 742
- 824
- 964
- schwarz
- weiß

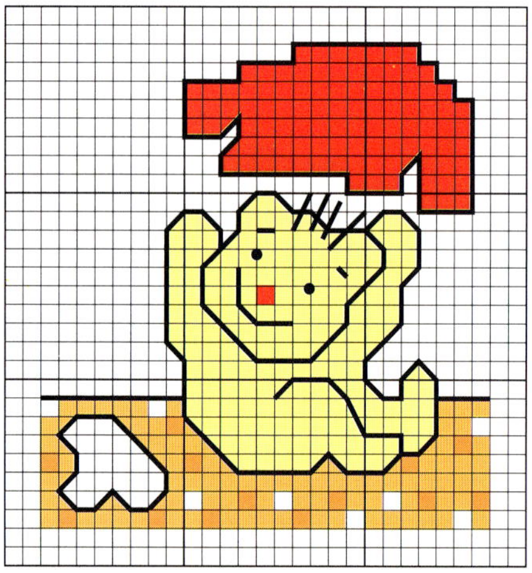

- 307
- 606
- 740
- 742
- schwarz
- weiß

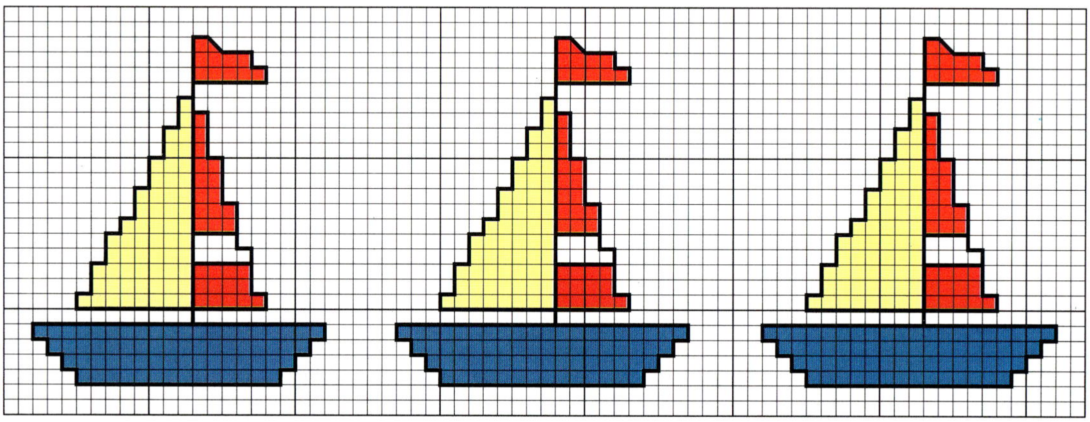

- 307
- 606
- 824
- schw.
- weiß

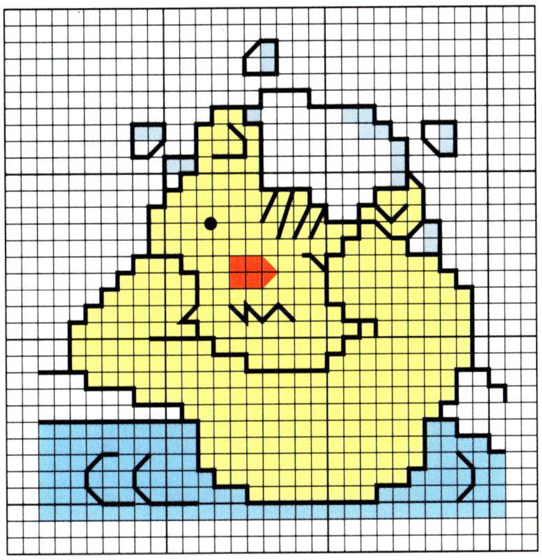

- 307
- 519
- 606
- 827
- schwarz
- weiß

- 307
- 519
- 606
- 742
- 780
- schwarz
- weiß

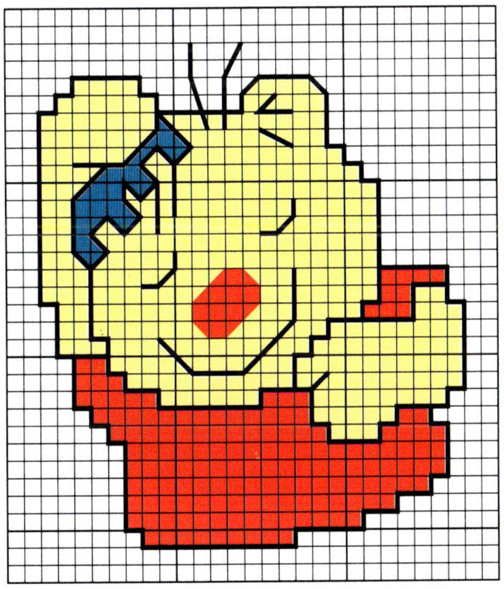

- 307
- 606
- 824
- schw

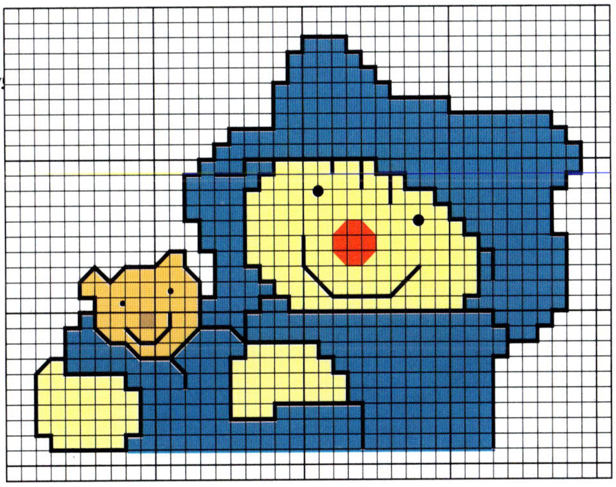

- 307
- 606
- 742
- 780
- 824
- schwarz

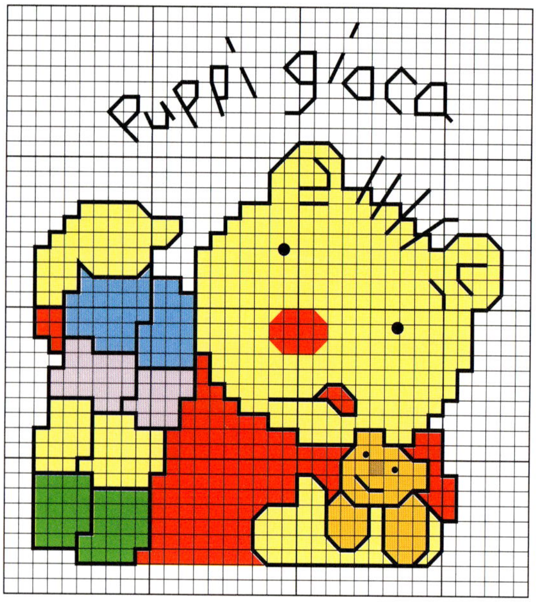


- 307
- 544
- 606
- 742
- 780
- 826
- schwarz

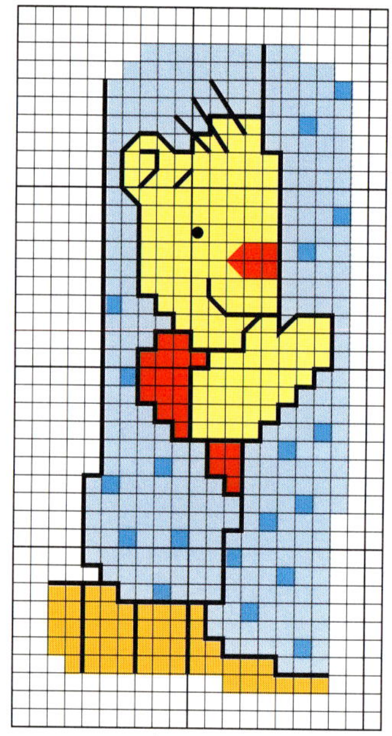

- 307
- 606
- 742
- 827
- 996
- schw.

- 307
- 606
- 704
- 742
- 824
- 827
- 950
- 996
- 3805
- schwarz

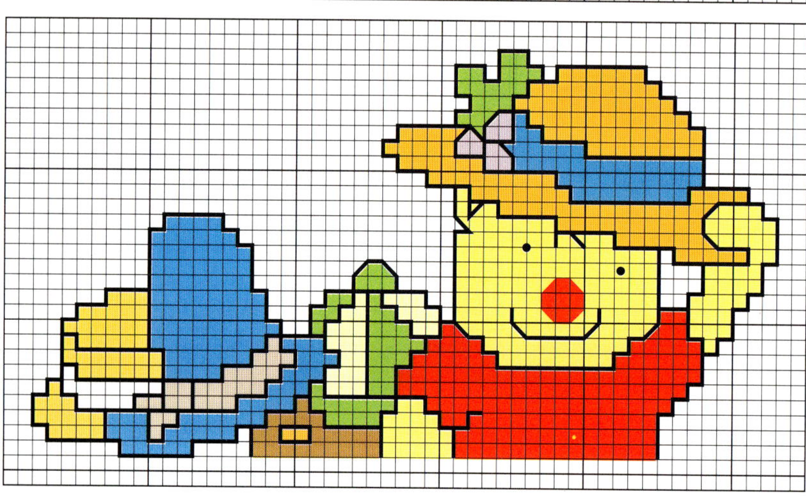

- 307
- 445
- 606
- 704
- 725
- 742
- 780
- 996
- schwarz
- weiß

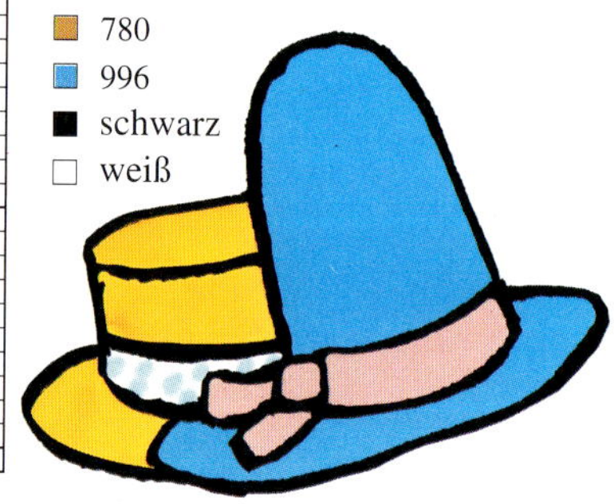

- 307
- 322
- 518
- 606
- 726
- 742
- 827
- schw.

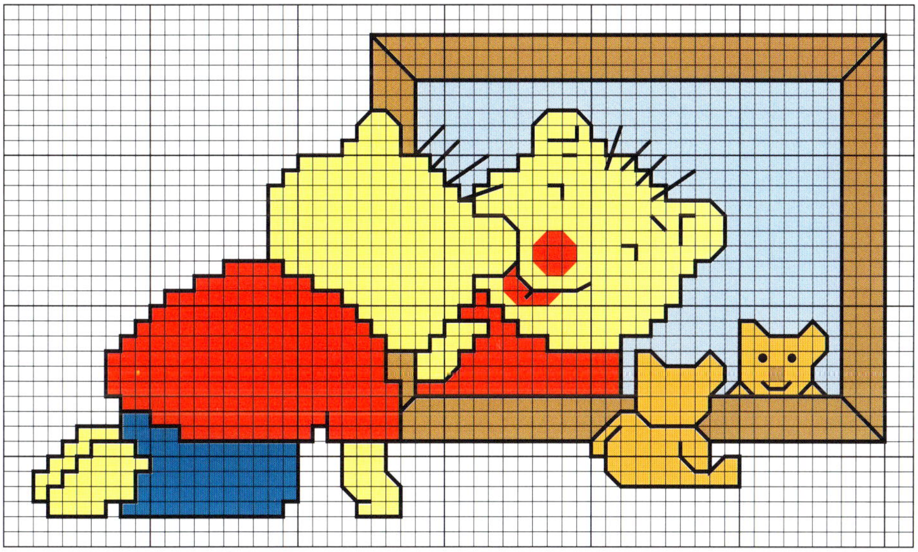

- 307
- 606
- 742
- 780
- 824
- 827
- schwarz

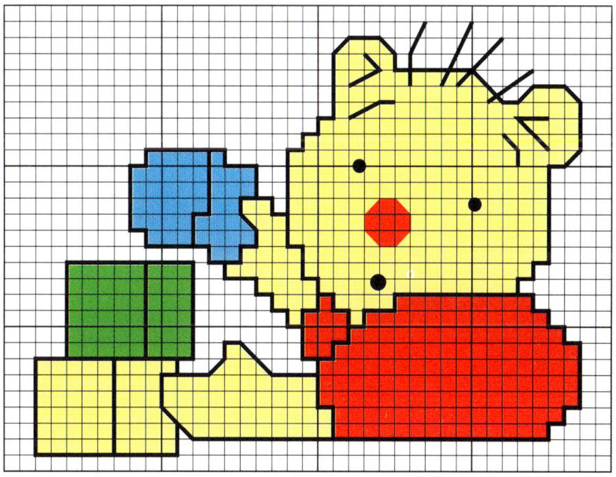

- 307
- 606
- 702
- 996
- schw.
- weiß

- 307
- 340
- 554
- 606
- 742
- 780
- 3805
- schw.
- weiß

- 307
- 518
- 606
- 824
- 3805
- schwarz
- weiß

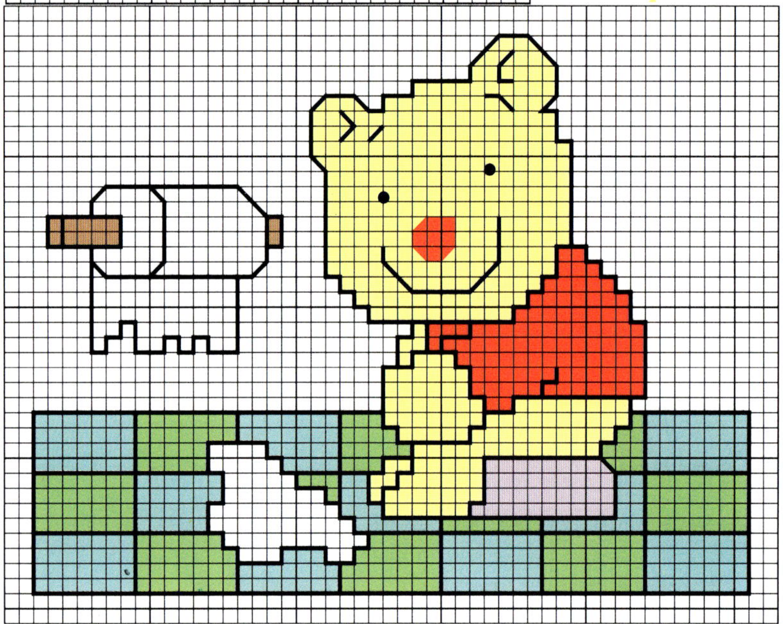

- 307
- 554
- 606
- 704
- 964
- schwarz
- weiß

- 307
- 606
- 702
- 742
- 996
- schwarz
- weiß

- 307
- 340
- 554
- 606
- 742
- 780
- 827
- 3805
- schwarz
- weiß

- 307
- 340
- 444
- 554
- 606
- 742
- 780
- schwarz
- weiß

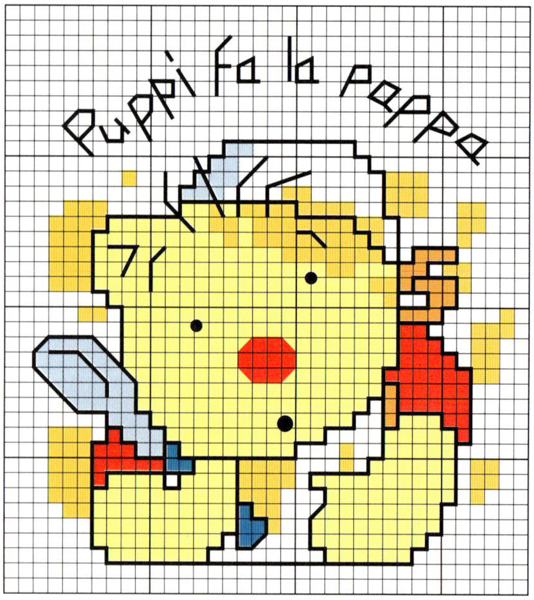


- 307
- 606
- 740
- 824
- 827
- 973
- schw.
- weiß

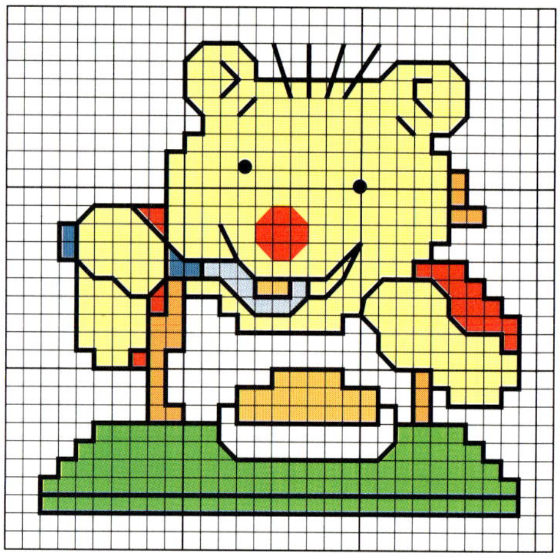

- 307
- 606
- 702
- 740
- 742
- 824
- 827
- schw.
- weiß

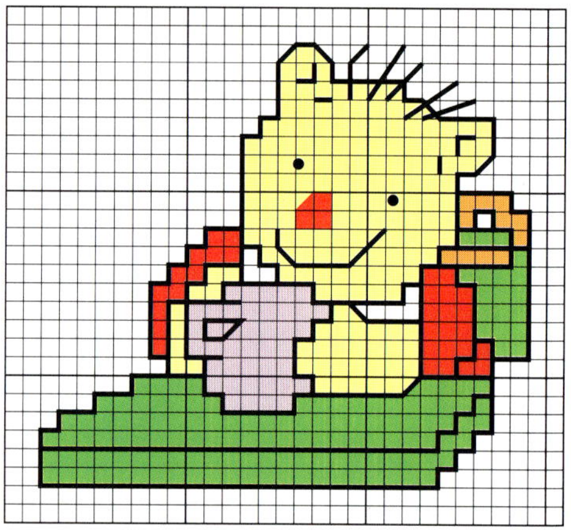

- 307
- 554
- 606
- 740
- 702
- schw.
- weiß

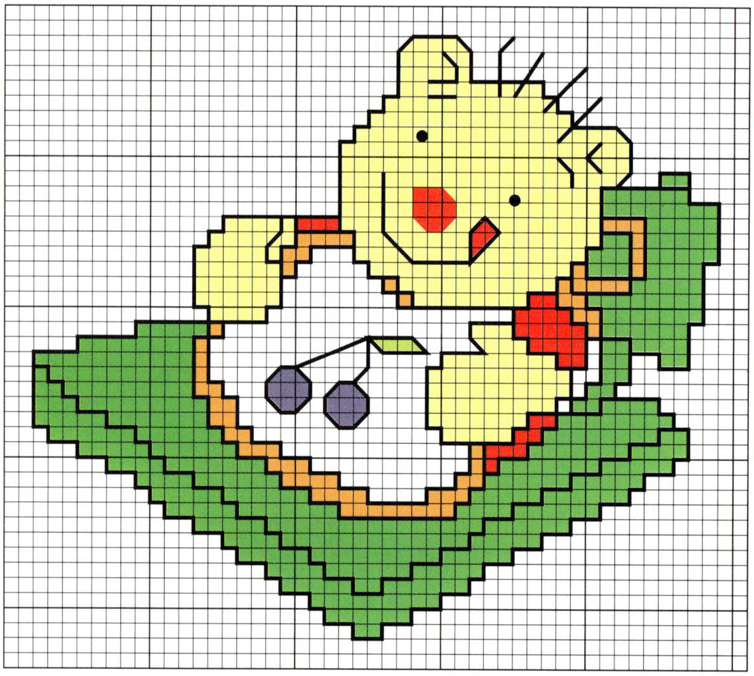

- 307
- 606
- 702
- 740
- 792
- 906
- schwarz
- weiß

- 307
- 606
- 702
- 726
- 740
- 742
- 792
- 824
- 827
- 906
- schwarz
- weiß

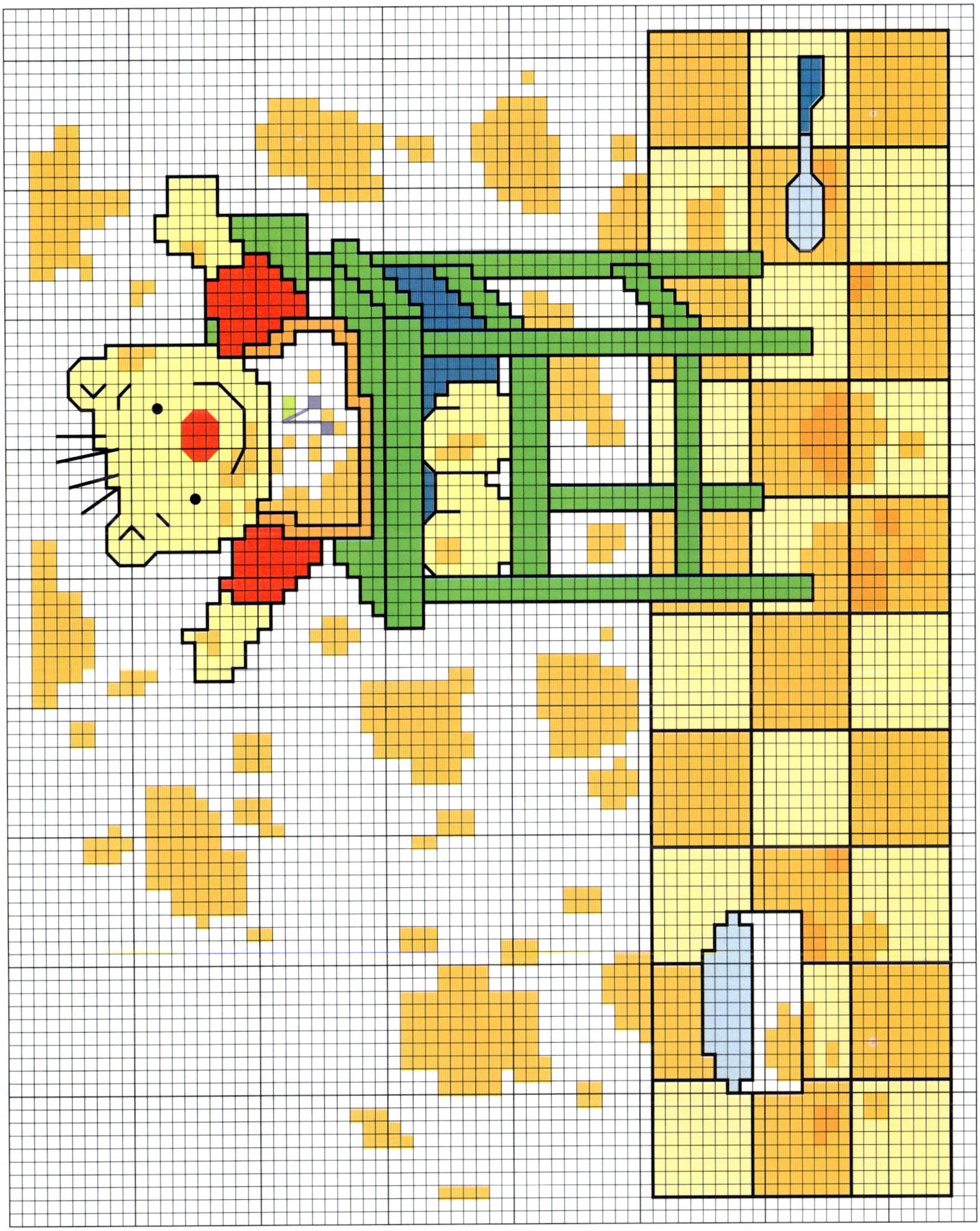

# PIMPA

Pimpa ist ein langohriges Hündchen mit rot getupftem Fell und zweifellos die italienische Tierfigur, die den Kindern am meisten ans Herz gewachsen ist.
Ins Leben gerufen wurde sie vor mehr als zwanzig Jahren von Francesco Tullio Altan und ihre Geschichten erschienen jahrelang in der Kinderzeitschrift *Corriere dei Piccoli*. Heute gibt es Pimpa-Hefte und viele Kinderbücher. Pimpa erlebt einfache, aber ausgefallene Bildgeschichten in einer farbenfrohen Welt, in der auch die Dinge sprechen können und in der sich die Kinder leicht selbst wiederfinden.
Pimpas Herrchen heißt Armando und ist ein lustig aussehender Mann mit Hut und dickem Schnurrbart, der fast immer außer Haus ist, wenn Pimpa ihre Abenteuer erlebt.

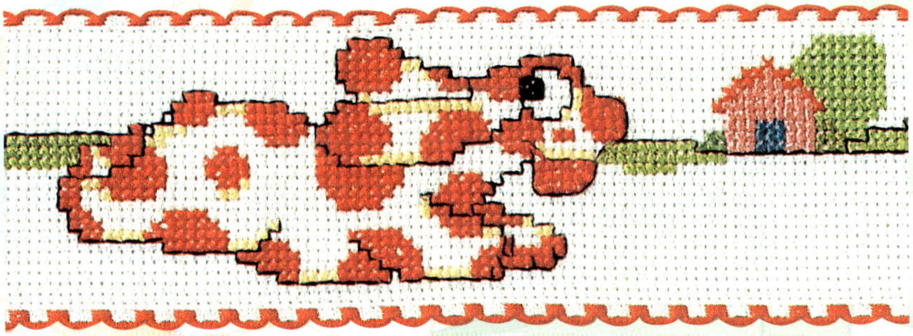

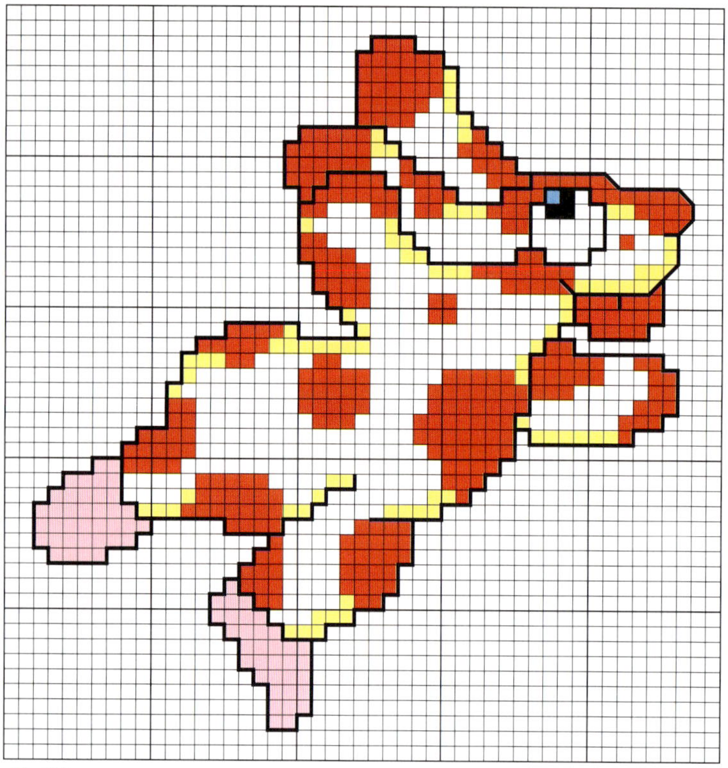

- 307
- 321
- 603
- 826
- schwarz
- weiß

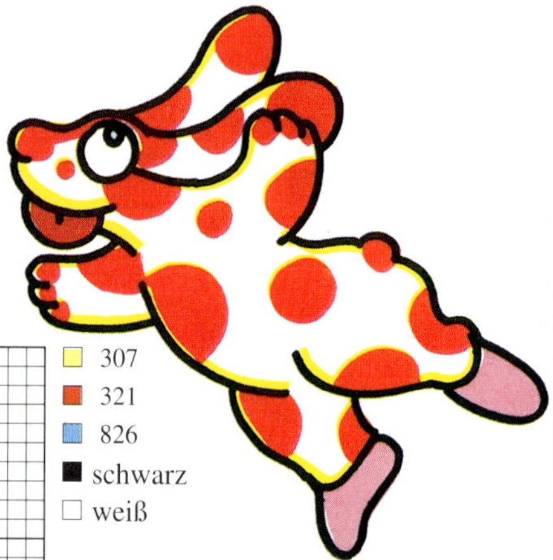

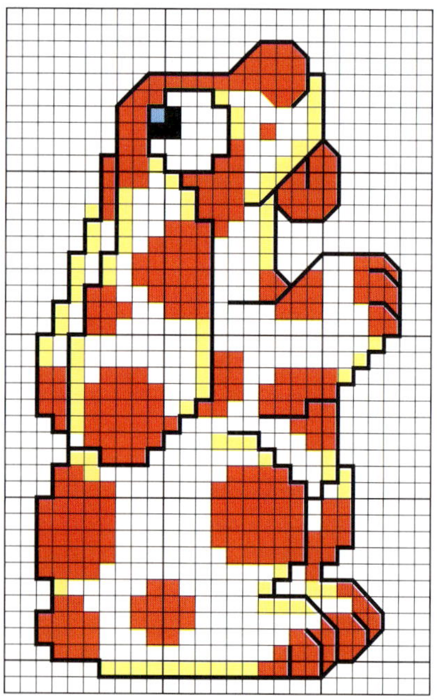

- 307
- 321
- 826
- schwarz
- weiß

- 307
- 321
- 702
- 704
- 826
- 907
- 956
- 3346
- 3808
- schwarz
- weiß

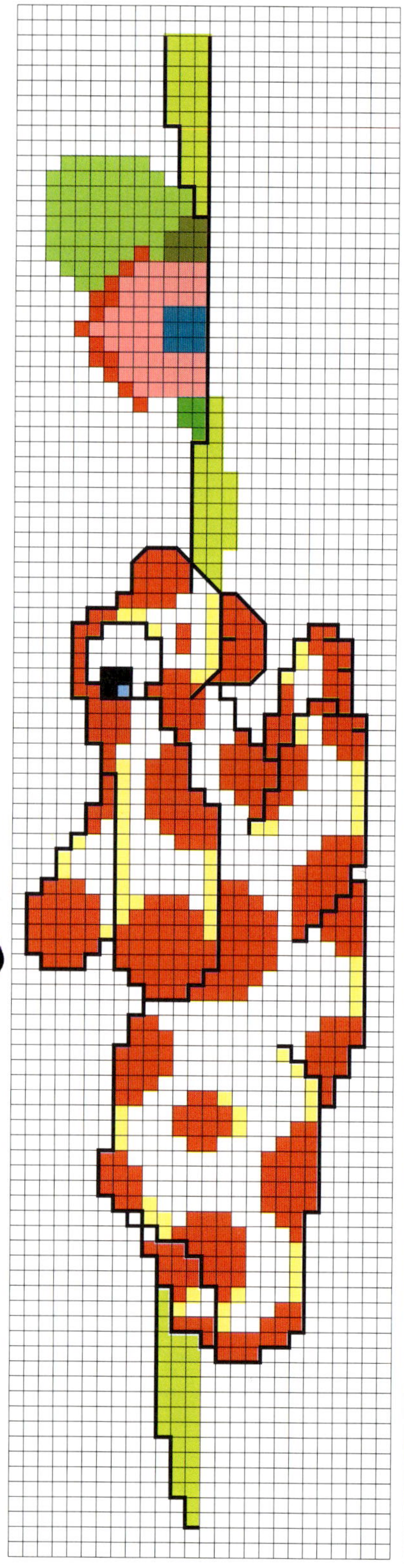

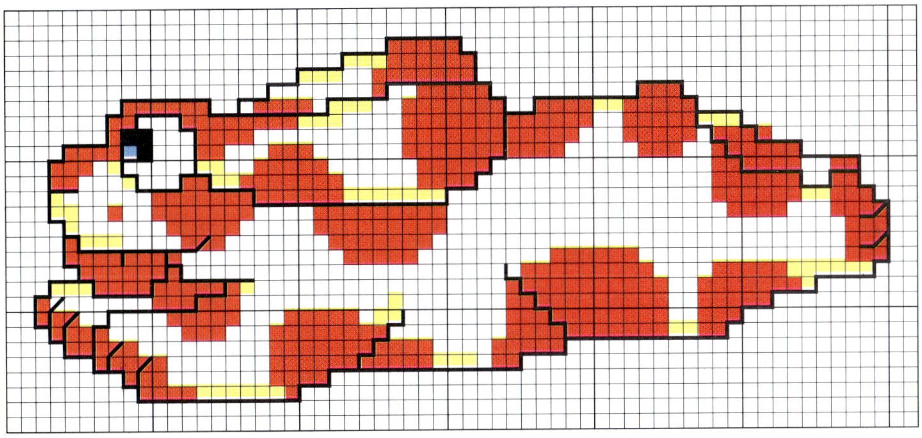

- 307
- 321
- 826
- schwarz
- weiß

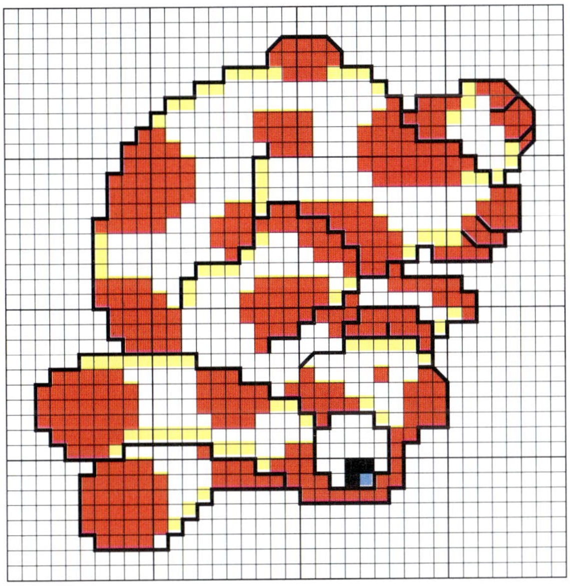

- 307
- 321
- 826
- schwarz
- weiß

- 307
- 321
- 826
- schwarz
- weiß

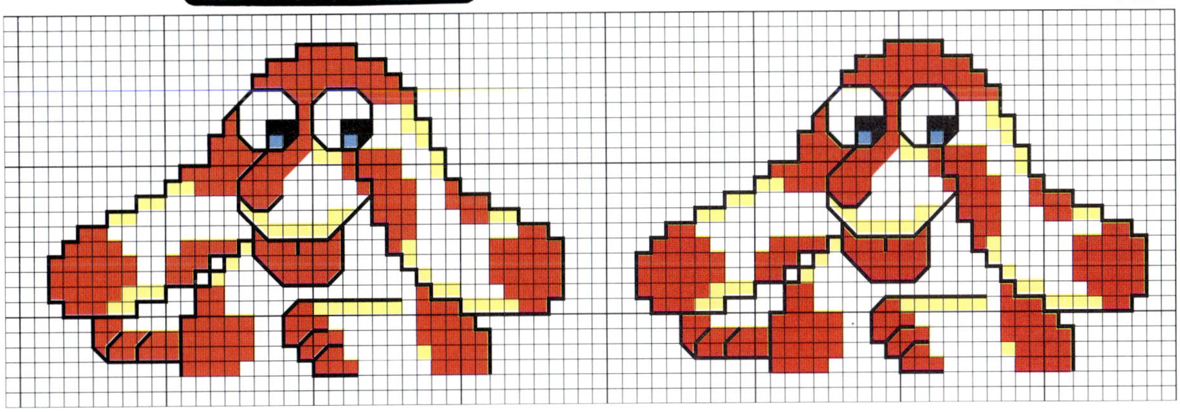

- 307
- 321
- 322
- 603
- 704
- 725
- 742
- 798
- 826
- 904
- 907
- schwarz
- weiß

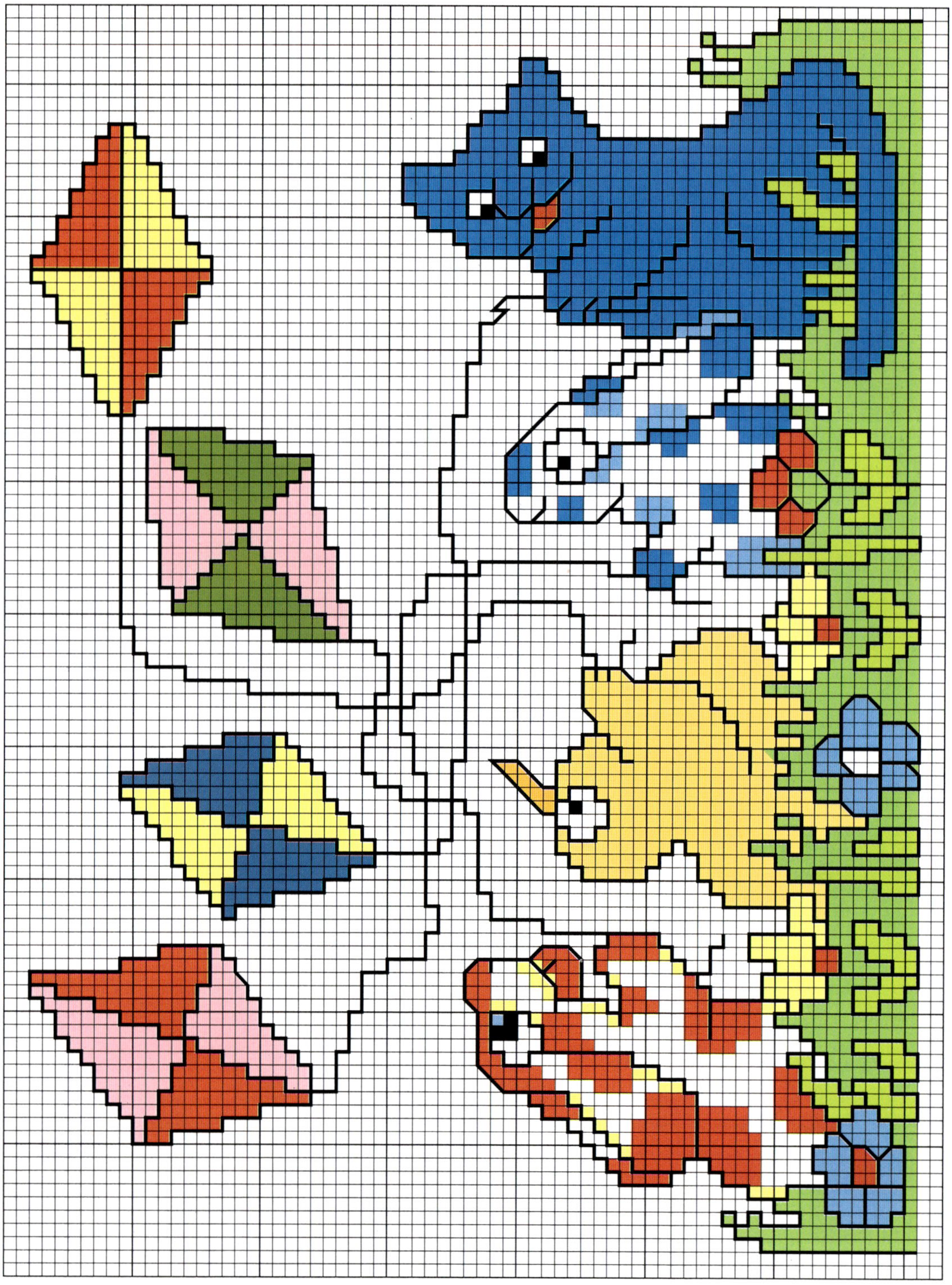

307
321
603
704
725
742
798
826
schwarz
weiß

307
321
699
702
740
973
schwarz
weiß

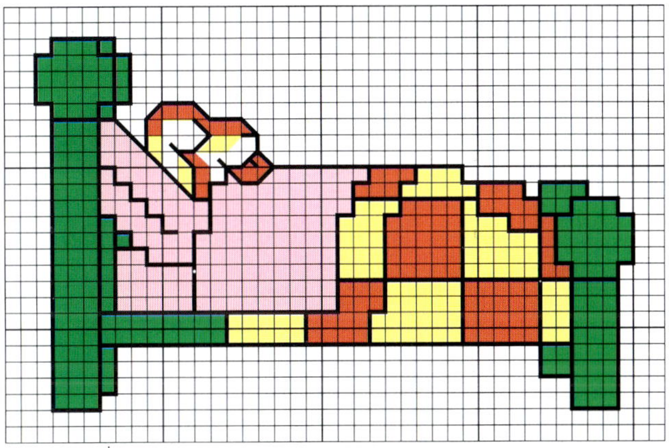

307
321
603
699
956
schwarz
weiß

- 307
- 321
- 445
- 603
- 704
- 754
- 760
- 822
- 826
- 840
- schwarz
- weiß

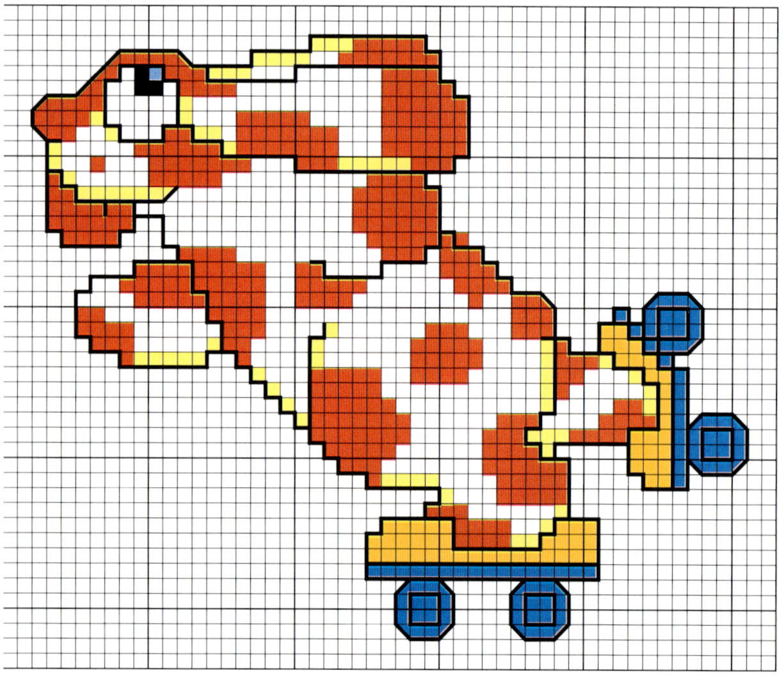

- 307
- 321
- 742
- 798
- 826
- schwarz
- weiß

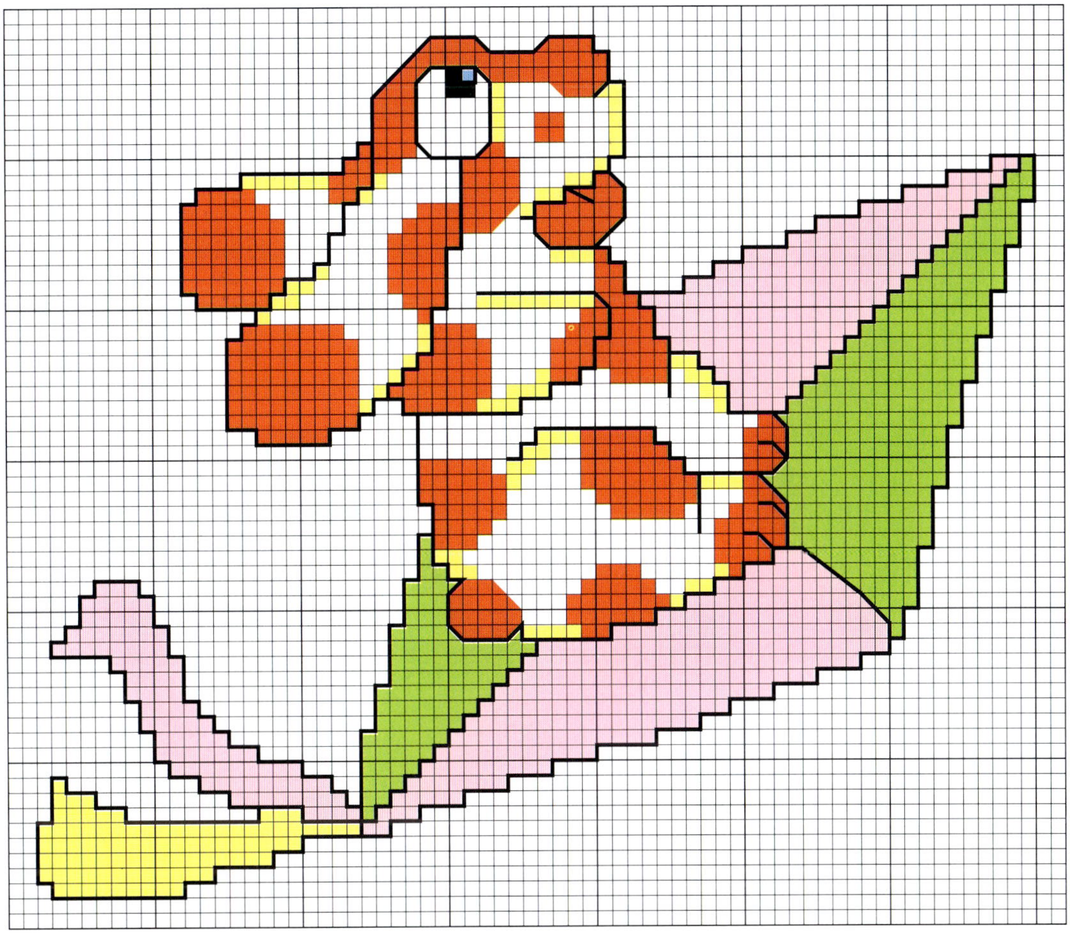

- 307
- 321
- 603
- 704
- 826
- schwarz
- weiß

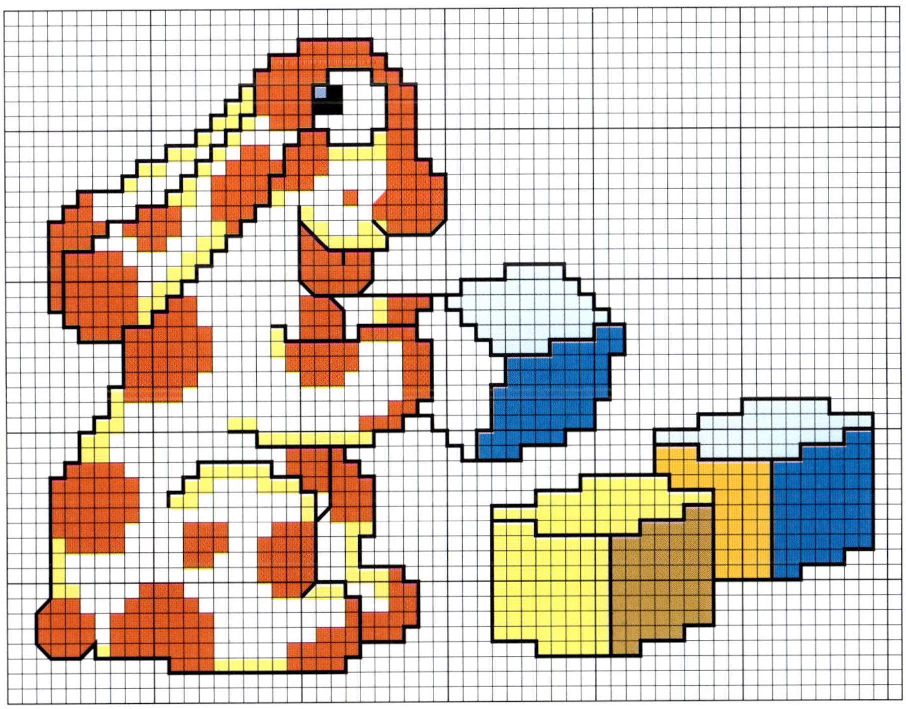

- 307
- 321
- 742
- 775
- 780
- 798
- 826
- schwarz
- weiß

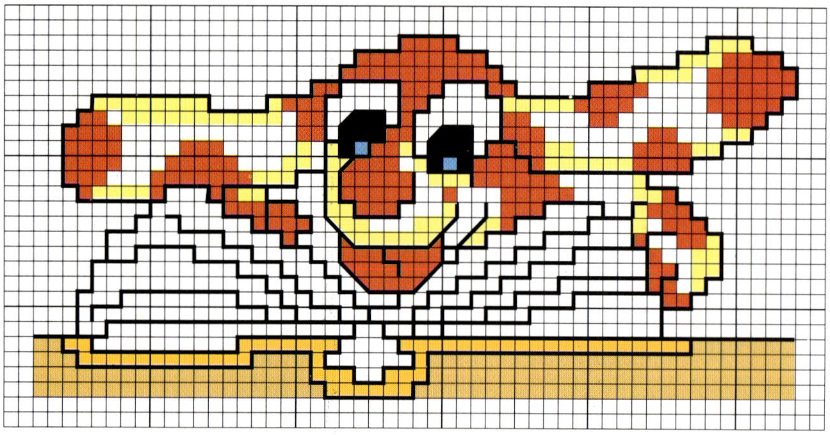

- 307
- 321
- 680
- 742
- 826
- schwarz
- weiß

- 307
- 321
- 699
- 742
- 798
- 826
- schwarz
- weiß

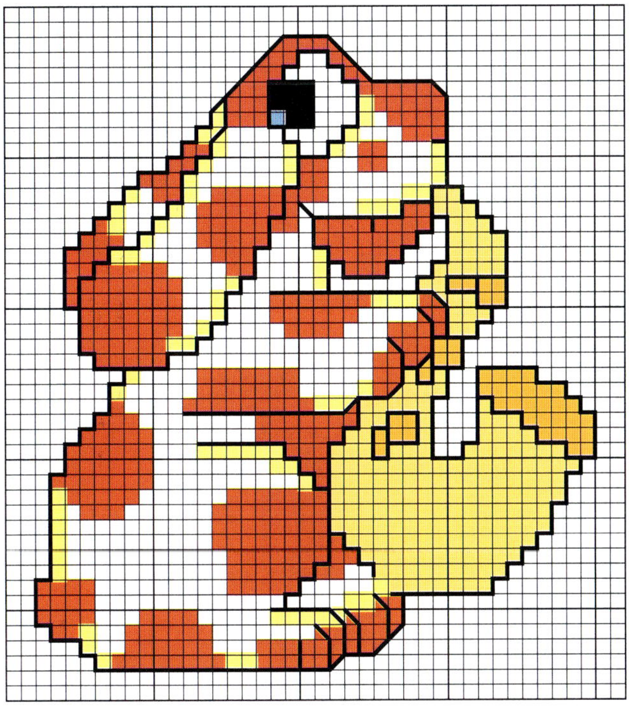

- 307
- 321
- 444
- 742
- 826
- schwarz
- weiß

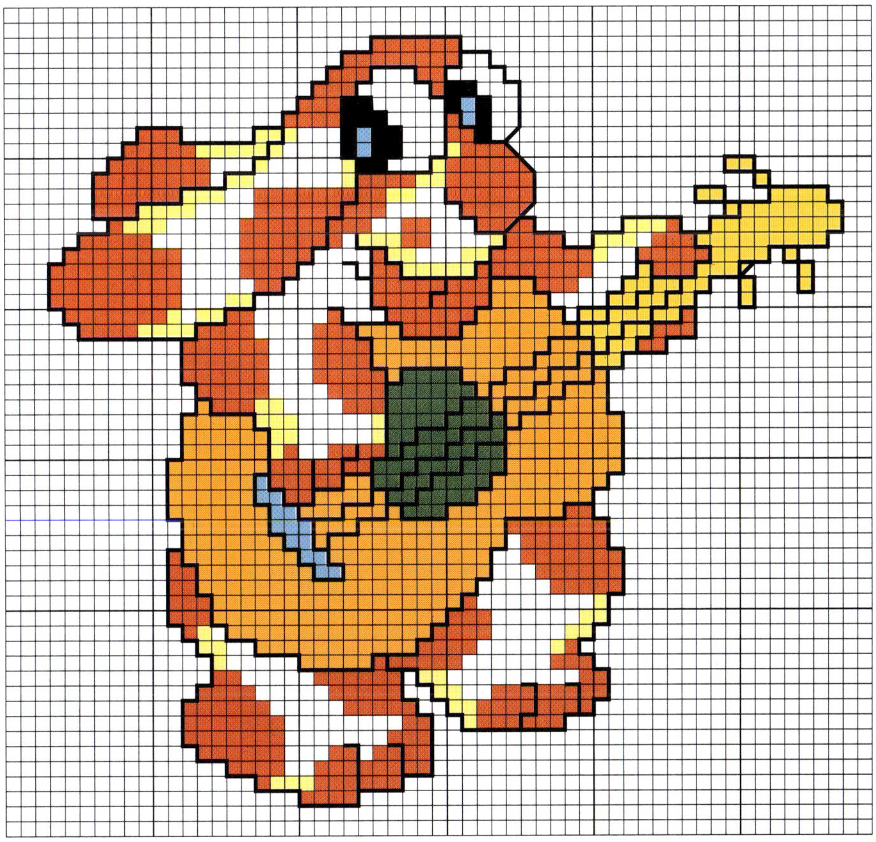

- 307
- 321
- 740
- 826
- 973
- 986
- schwarz
- weiß

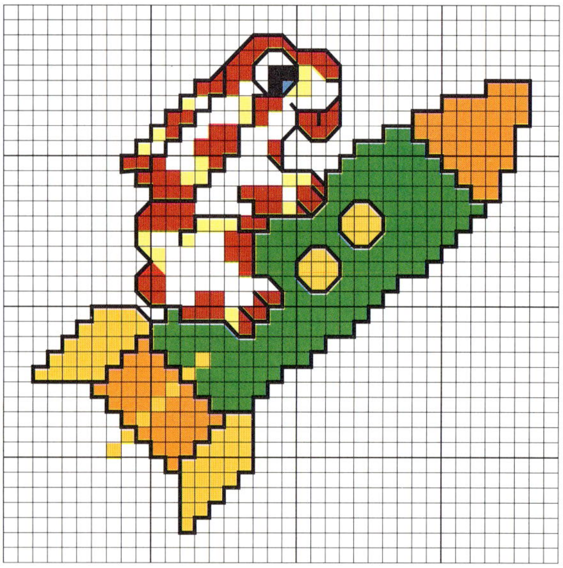

307
321
702
740
826
973
schwarz
weiß

307
321
603
680
826
schw.
weiß

307
321
322
603
699
704
740
826
3078
schwarz
weiß

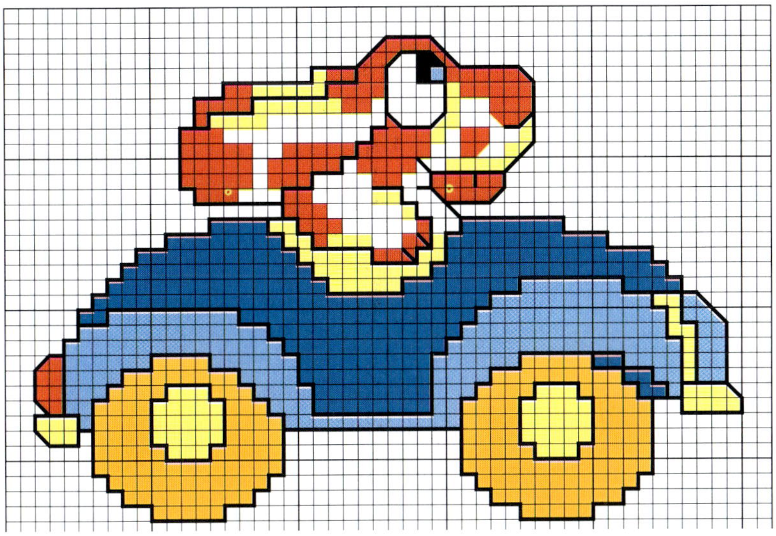

- 307
- 321
- 322
- 742
- 826
- schwarz
- weiß

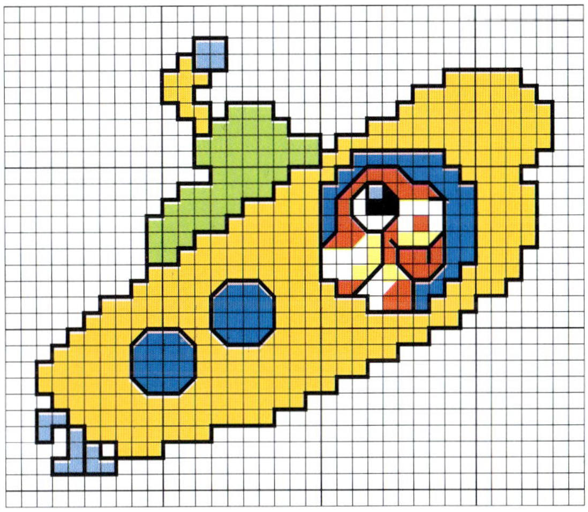

- 307
- 321
- 704
- 798
- 826
- 973
- schwarz
- weiß

- 307
- 321
- 702
- 742
- 775
- 826
- schwarz
- weiß

150
140
130
120
110
100
90
80
70

# PETER, DIE VOGELSCHEUCHE

Peter, die Vogelscheuche, ist eine zauberhafte und sonnige Figur. Nicoletta Costa hat sie in bunten Zeichnungen und fröhlichen Geschichten entworfen. Peter ist keine gewöhnliche Vogelscheuche: Er verscheucht niemanden, sondern ist so lieb, dass die Spatzen ihn besuchen und ihm sogar Geschenke bringen. In der Nacht spielt er mit einer Eule Karten, um sich die Zeit zu vertreiben. Doch eines Tages hat er es satt, immer am selben Platz zu stehen, und geht mit Hilfe seiner gefiederten Freunde auf Reisen.

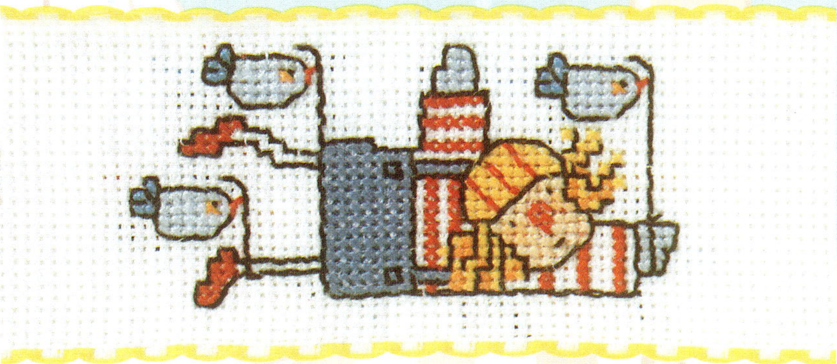

- 321
- 322
- 740
- 742
- 800
- 945
- 3825
- schwarz
- weiß

- 321
- 322
- 415
- 444
- 517
- 740
- 742
- 762
- 800
- 907
- 912
- 945
- 3825
- schwarz
- weiß

321
333
340
435
445
517
725
740
742
800
813
819
966
3747
3752
3825
schwarz
weiß

- 321
- 721
- 726
- 740
- 742
- 783
- 800
- 819
- 996
- 907
- 945
- 956
- 3713
- 3825
- schwarz
- weiß

- 321
- 322
- 435
- 721
- 740
- 742
- 800
- 907
- 945
- 996
- 3825
- schwarz
- weiß

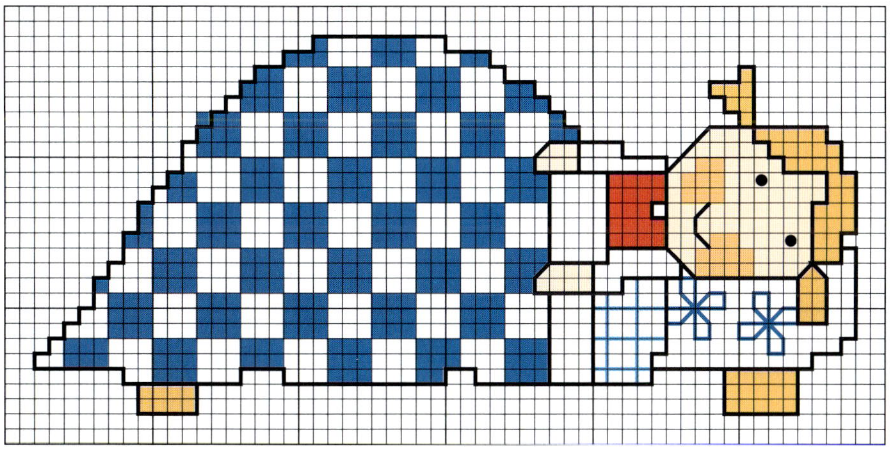

- 321
- 332
- 783
- 819
- 3825
- schwarz
- weiß

- 340
- 601
- 603
- 725
- 727
- 740
- 783
- 819
- 3348
- 3825
- schwarz
- weiß

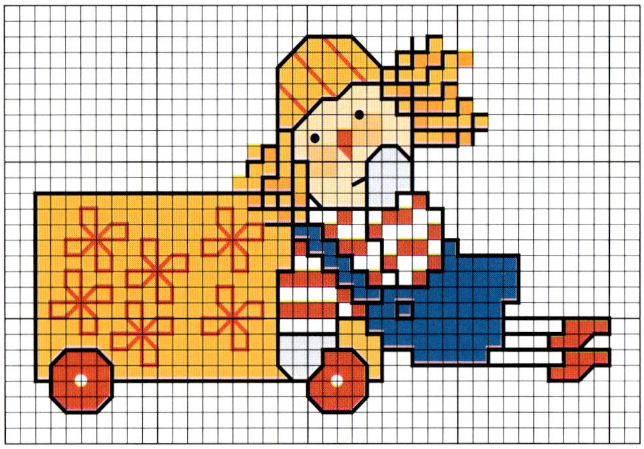

- 321
- 322
- 740
- 742
- 800
- 945
- 3825
- schwarz
- weiß

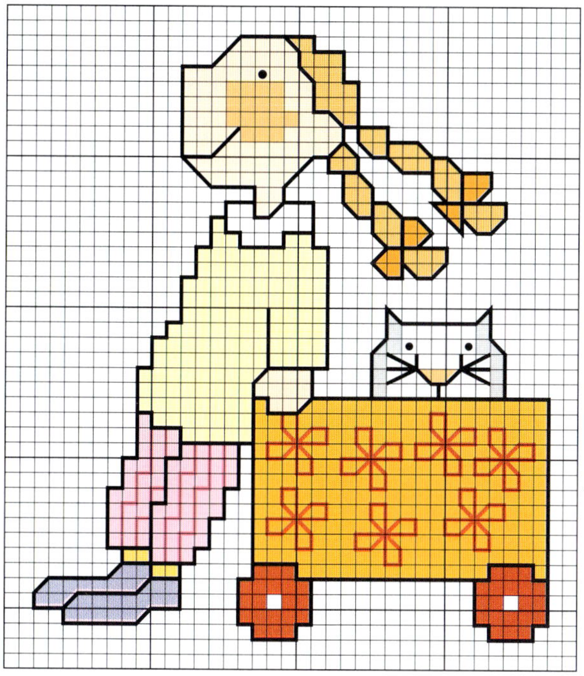

- 321
- 340
- 415
- 601
- 603
- 725
- 727
- 740
- 742
- 762
- 783
- 819
- 3825
- schwarz
- weiß

- 321
- 332
- 783
- 819
- 3825
- schwarz

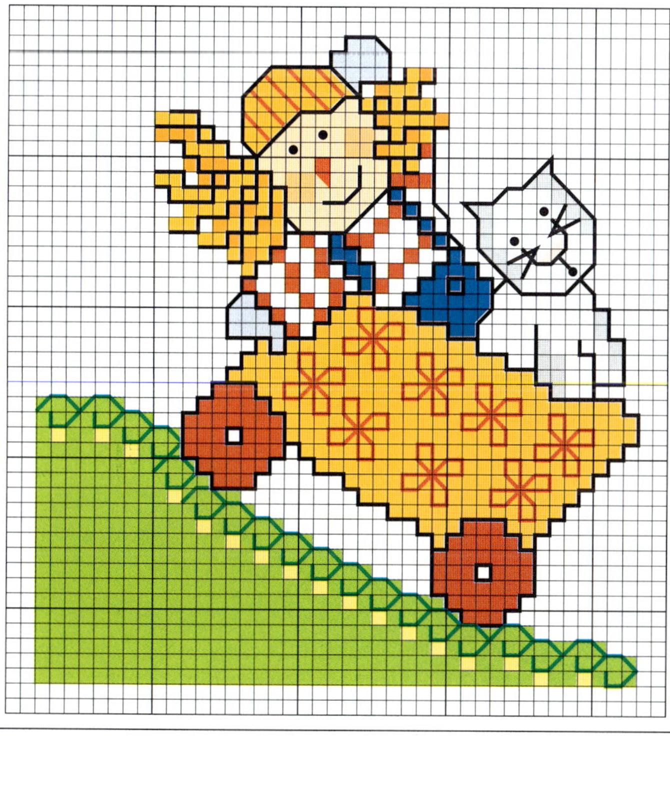

- 321
- 322
- 415
- 740
- 742
- 762
- 699
- 800
- 906
- 945
- 3713
- 3825
- schwarz
- weiß

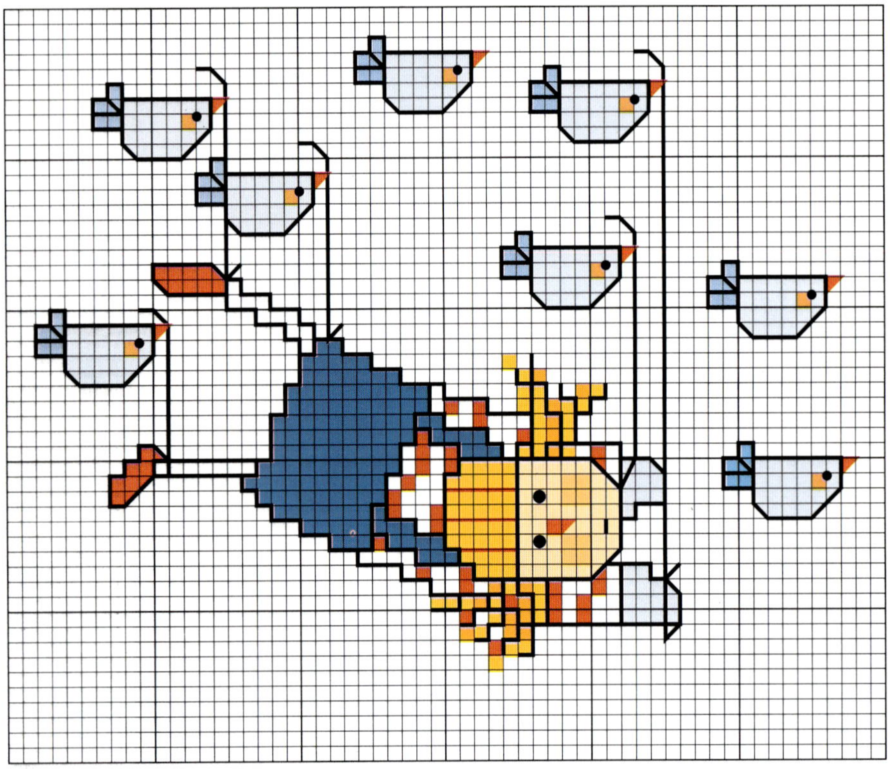

- 321
- 322
- 721
- 740
- 742
- 800
- 813
- 945
- 3825
- schw.
- weiß

- 321
- 322
- 721
- 740
- 742
- 800
- 813
- 945
- 3825
- schwarz
- weiß

- 321
- 415
- 444
- 762
- 800
- 996
- 3825
- schwarz

- 321
- 322
- 740
- 741
- 742
- 800
- 945
- 996
- 3825
- schwarz
- weiß

- 321
- 322
- 721
- 740
- 742
- 800
- 907
- 945
- 3713
- 3825
- schwarz
- weiß

- 321
- 721
- 800
- 996
- schwarz
- weiß

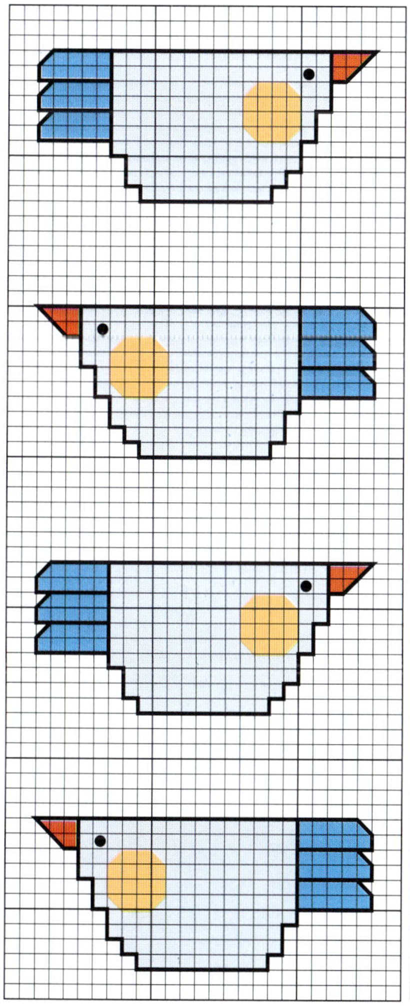

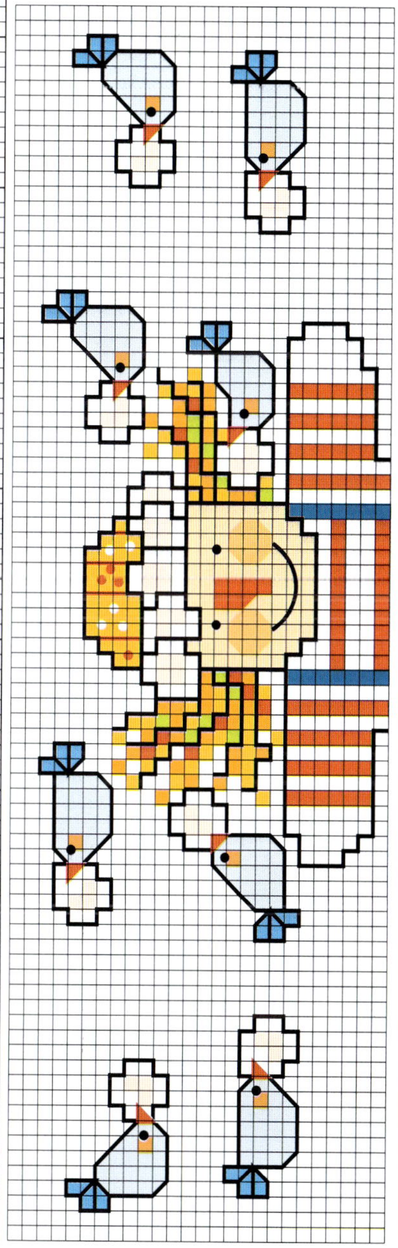

# EMMA UND DER MOND

Emma ist ein kleines Mädchen, gezeichnet von Nicoletta Costa, einer bekannten italienischen Illustratorin, die seit 1980 mehrere Dutzend Bücher in aller Welt publiziert hat. Dank ihrer höchst originellen, einfachen und fröhlichen Zeichnungen, die ihre Vertrautheit mit der Welt der Kinder zeigen, zählt sie zu den beliebtesten Kinderbuch-Illustratoren.

Emma ist sehr unternehmungslustig und beschließt eines Abends, den Mond besuchen zu gehen. Sie klettert aus ihrem Bettchen und macht sich in Begleitung ihres Bärchens auf den Weg. Über eine lange Leiter, durch die Wolken hindurch, gelangt sie zu einem Haus mit vielen Zimmern, in dem der Mond mit seiner Katze lebt. Freundlich bewirtet er Emma mit einer Tasse Schokolade.

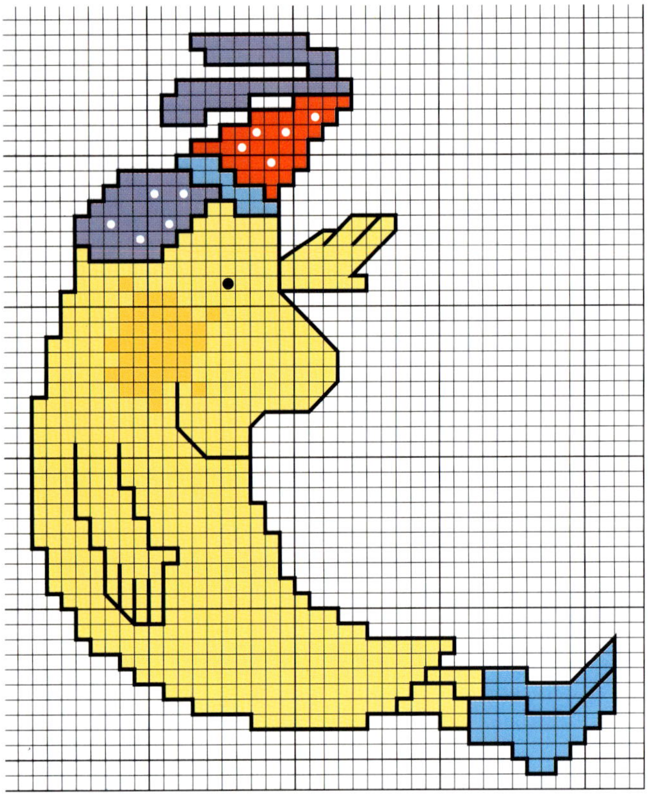

- 606
- 721
- 725
- 792
- 996
- schwarz
- weiß

- 606
- 725
- 742
- 792
- 996
- 3761
- schwarz
- weiß

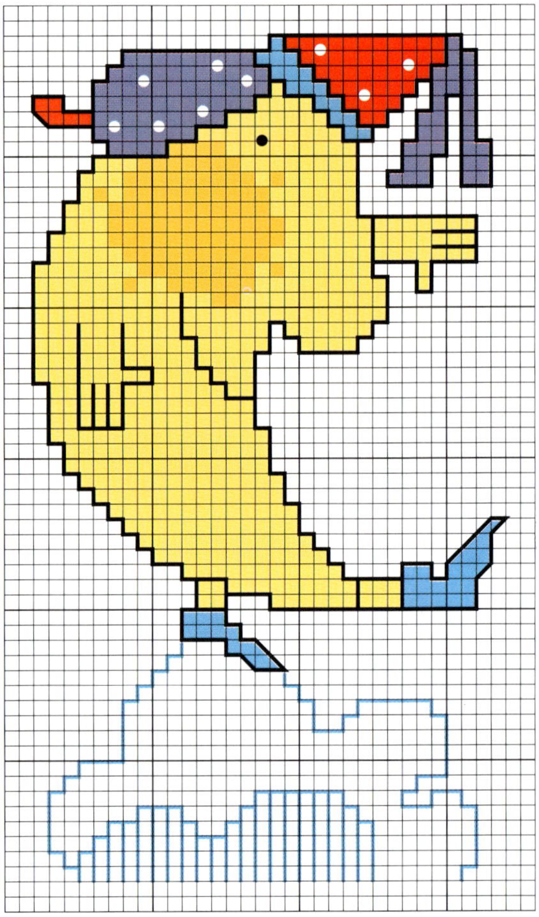

- 311
- 606
- 720
- 721
- 725
- 742
- 761
- 792
- 819
- 976
- 3805
- schwarz
- weiß

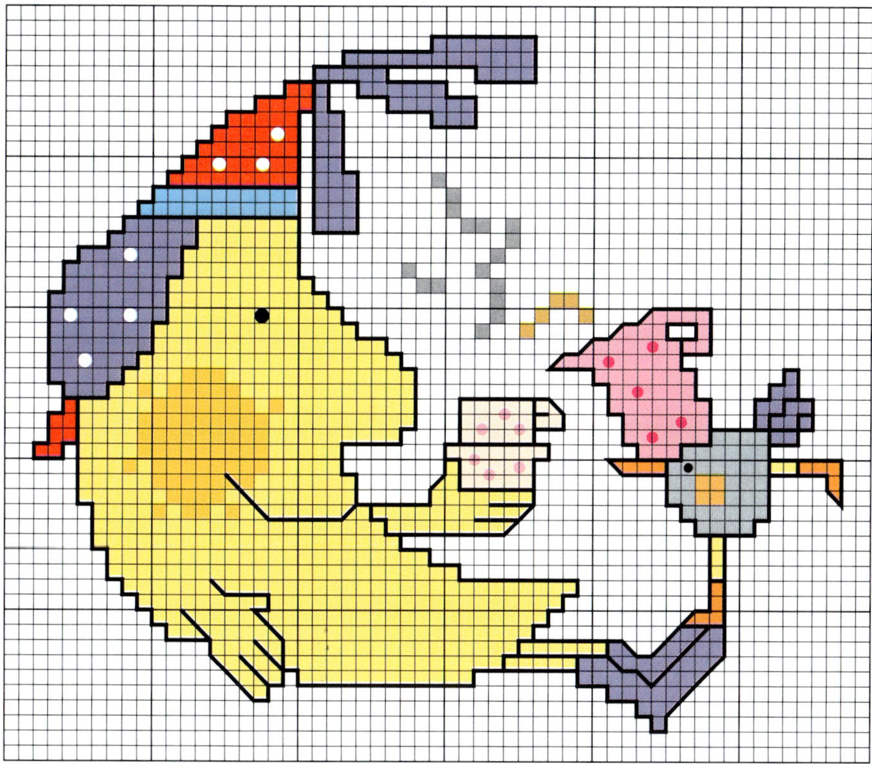

- 318
- 322
- 435
- 600
- 606
- 720
- 725
- 742
- 761
- 792
- 976
- 996
- 3752
- 3805
- schwarz

- 322
- 334
- 721
- 725
- 742
- 775
- 792
- 976
- 3805
- schw.
- weiß

- 334
- 720
- 761
- 819
- 976
- 3805
- schw.
- weiß

- 606
- 720
- 742
- 761
- 819
- 976
- 3805
- schwarz
- weiß

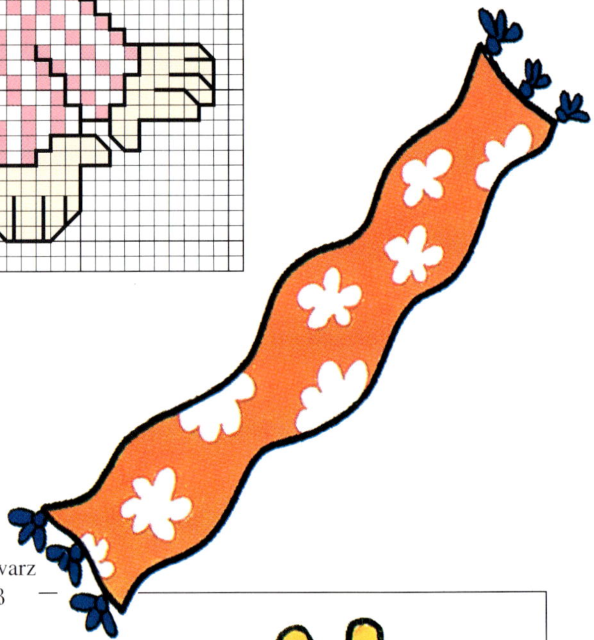

- 322
- 720
- 721
- 725
- 761
- 792
- 819
- 976
- schwarz
- weiß

- 720
- 721
- 725
- 761
- 792
- 819
- 976
- 3805
- schwarz
- weiß

| | |
|---|---|
| 334 | 792 |
| 606 | 819 |
| 720 | 976 |
| 721 | 996 |
| 725 | 3805 |
| 727 | schwarz |
| 761 | weiß |

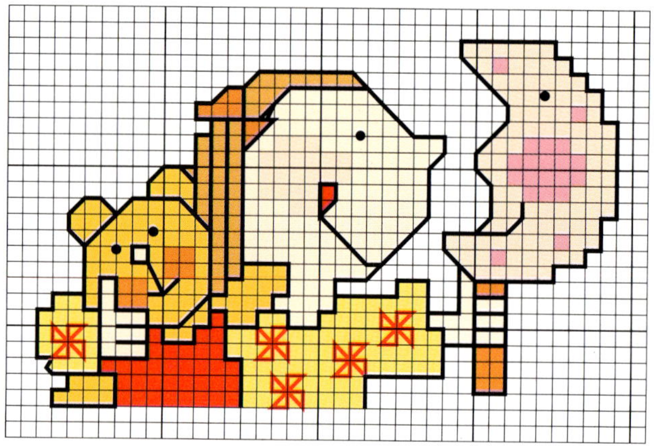

- 606
- 720
- 725
- 742
- 761
- 819
- 976
- 3805
- weiß

- 311
- 606
- 720
- 721
- 742
- 761
- 792
- 819
- 976
- 3078
- 3805
- schwarz
- weiß

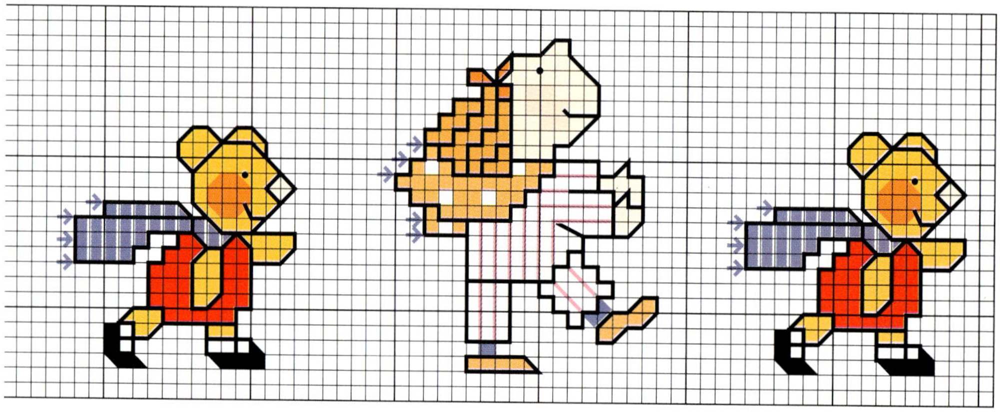

- 606
- 720
- 721
- 742
- 761
- 792
- 819
- 976
- 3805
- schwarz
- weiß

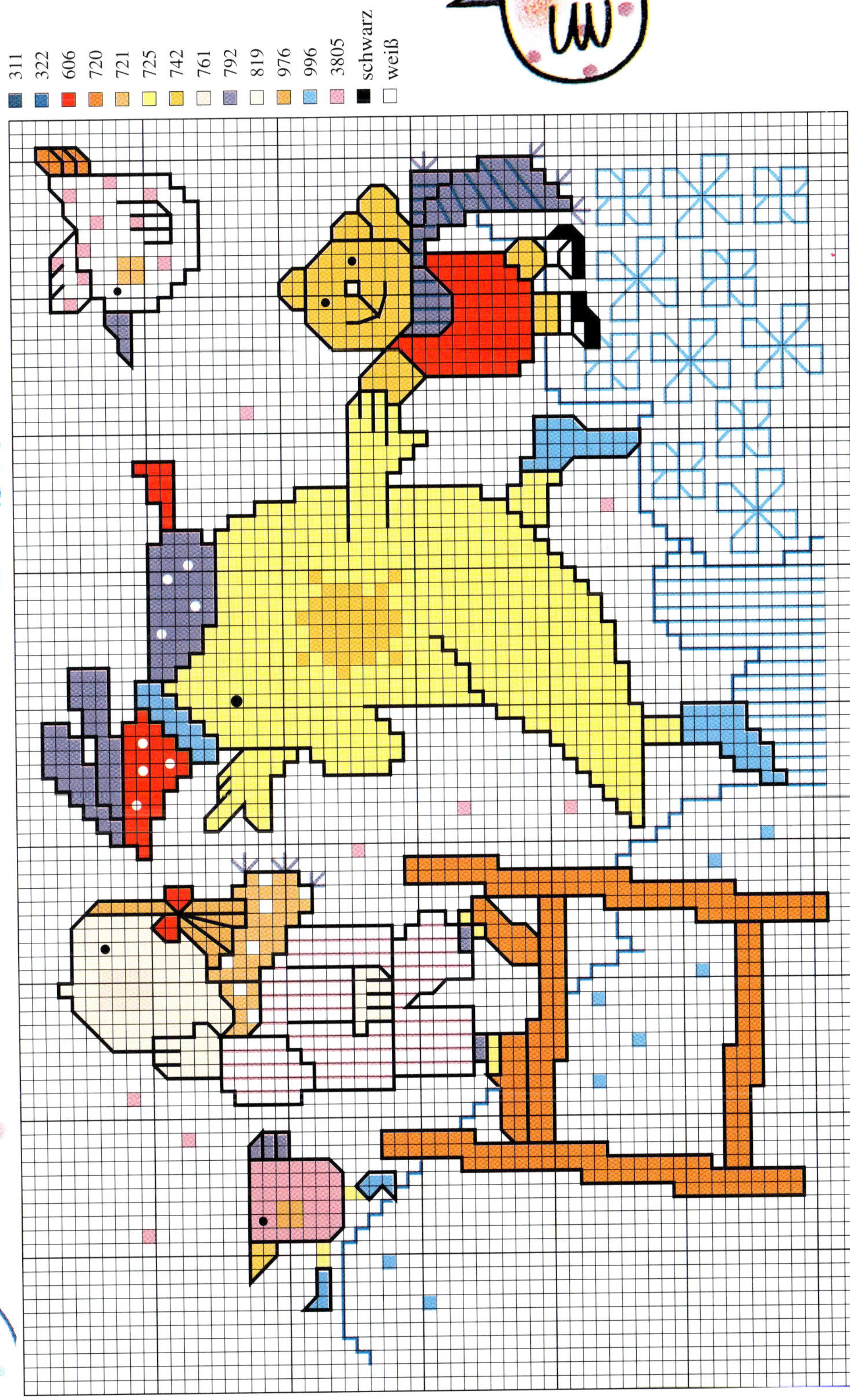
311
322
606
720
721
725
742
761
792
819
976
996
3805
schwarz
weiß

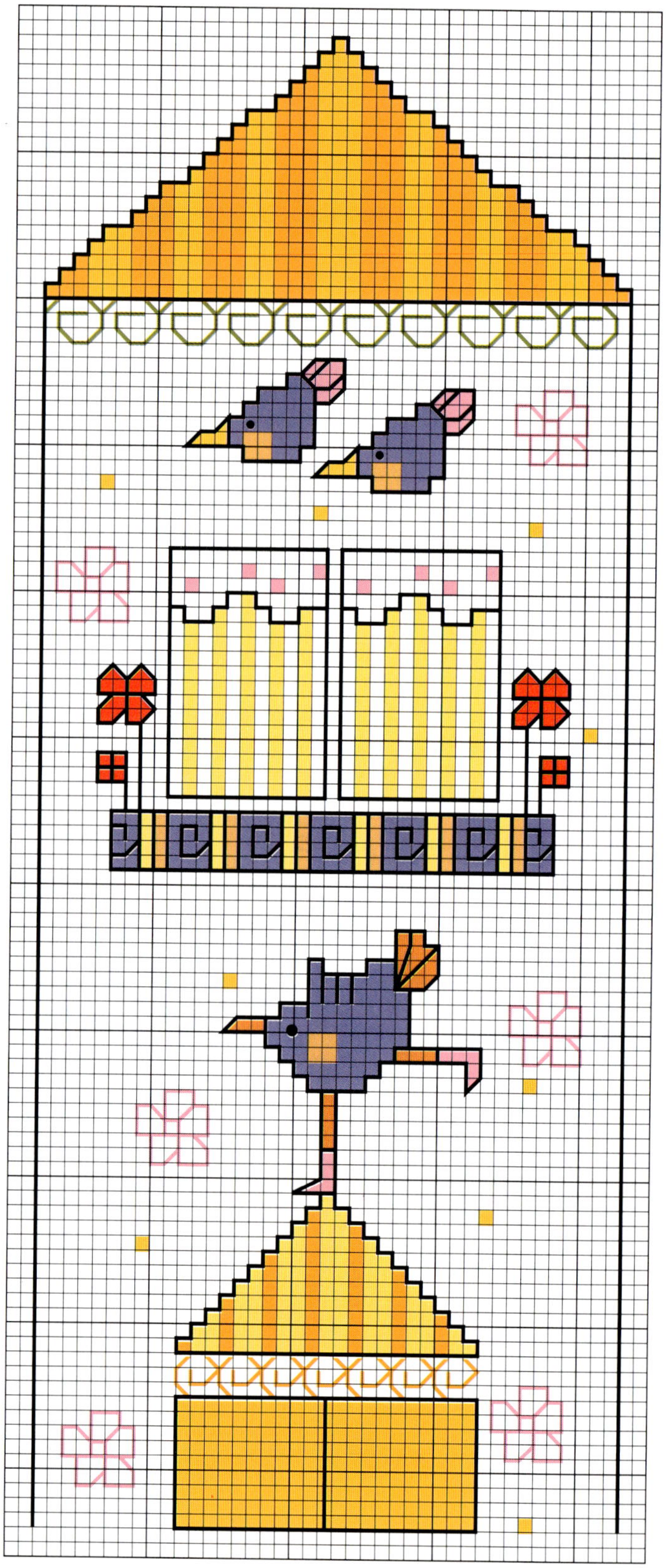

- 322
- 445
- 606
- 742
- 3761
- 3805
- schwarz

- 606
- 721
- 725
- 727
- 740
- 742
- 792
- 720
- 3346
- 3805
- schwarz
- weiß

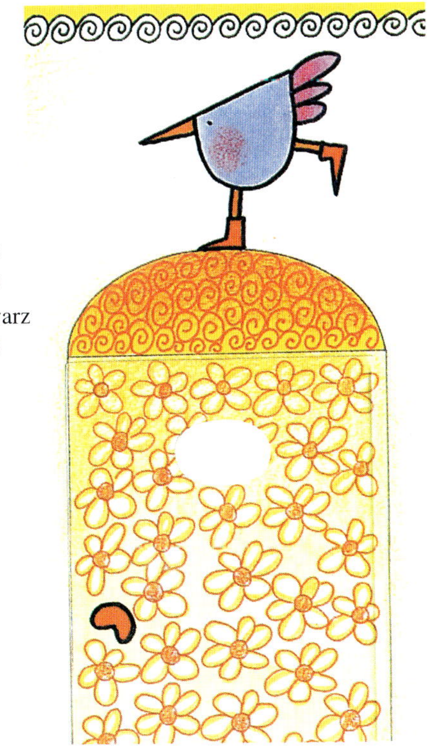

- 311
- 606
- 720
- 725
- 742
- 792
- 3805
- schwarz
- weiß

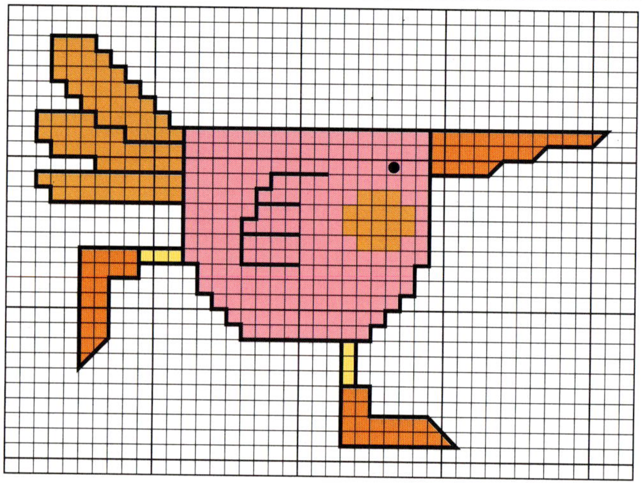

- 720
- 976
- 3805
- schwarz

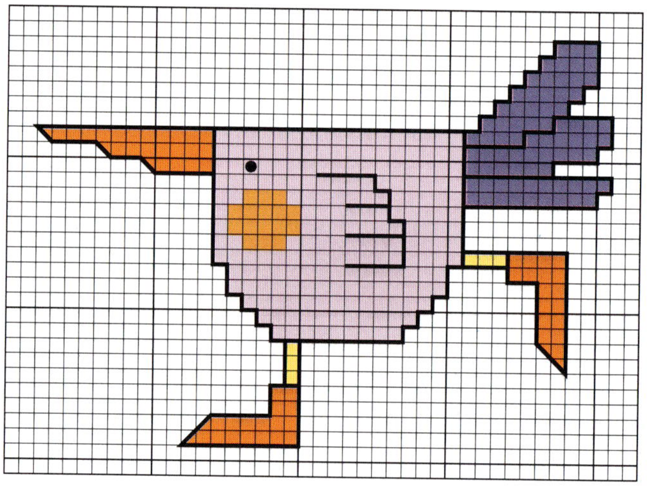

- 554
- 720
- 792
- 976
- schwarz

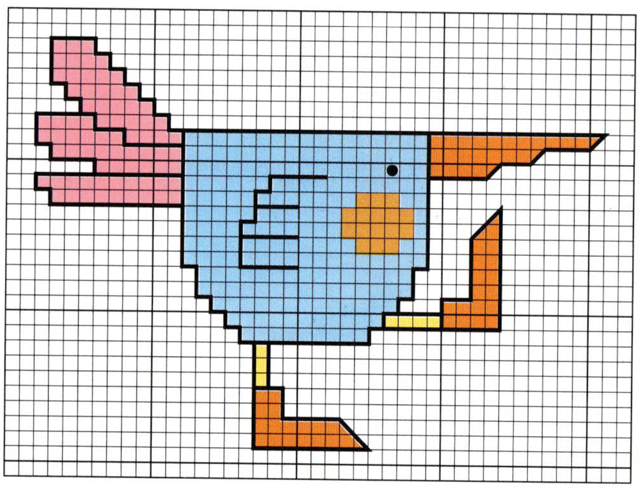

- 720
- 976
- 3761
- 3804
- schwarz

- 444
- 606
- 720
- 742
- 761
- 819
- 827
- 976
- 3805
- 3806
- schwarz
- weiß

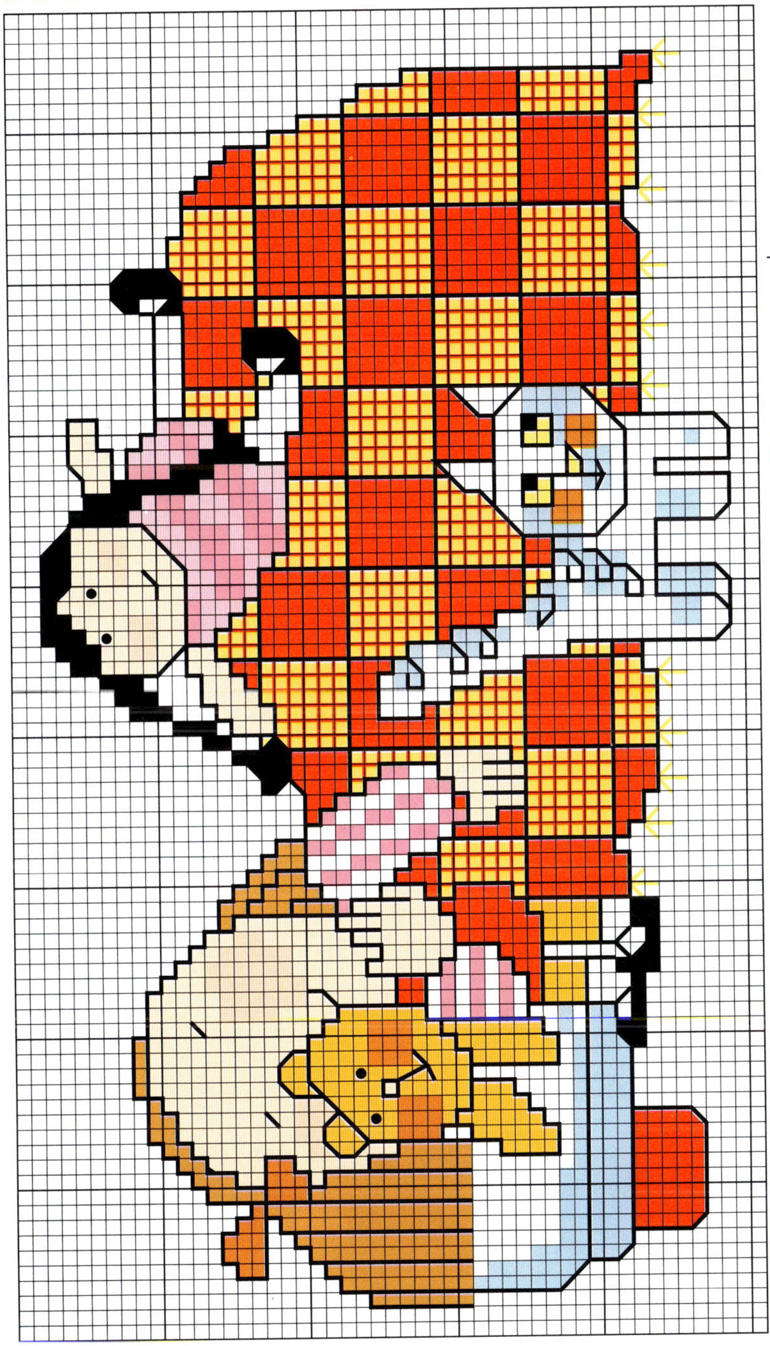

# LUSTIGE TIERFIGUREN

Die von Mario Gomboli gezeichneten Tierfiguren haben blanke, runde Augen, einen schelmischen Gesichtsausdruck und sind immer zu Späßen aufgelegt. Die Schlange ist ziemlich verspielt und kann sich kugelrund, aber auch oval, dreieckig oder quadratisch machen. Der blaue Elefant, riesengroß und gutmütig, faulenzt gerne, wenn man ihn lässt.
Das Mäuschen sieht munter aus und der Fuchs listig.
Dazu kommen noch Löwen, Tiger, Schildkröten, Papageien, Giraffen, Fische und Entenküken – ein bunter, vergnüglicher Tierreigen zum Spielen und Lernen.

- 307
- 312
- 322
- 334
- 504
- 561
- 725
- 742
- 798
- 958
- 964
- 3812
- 3814

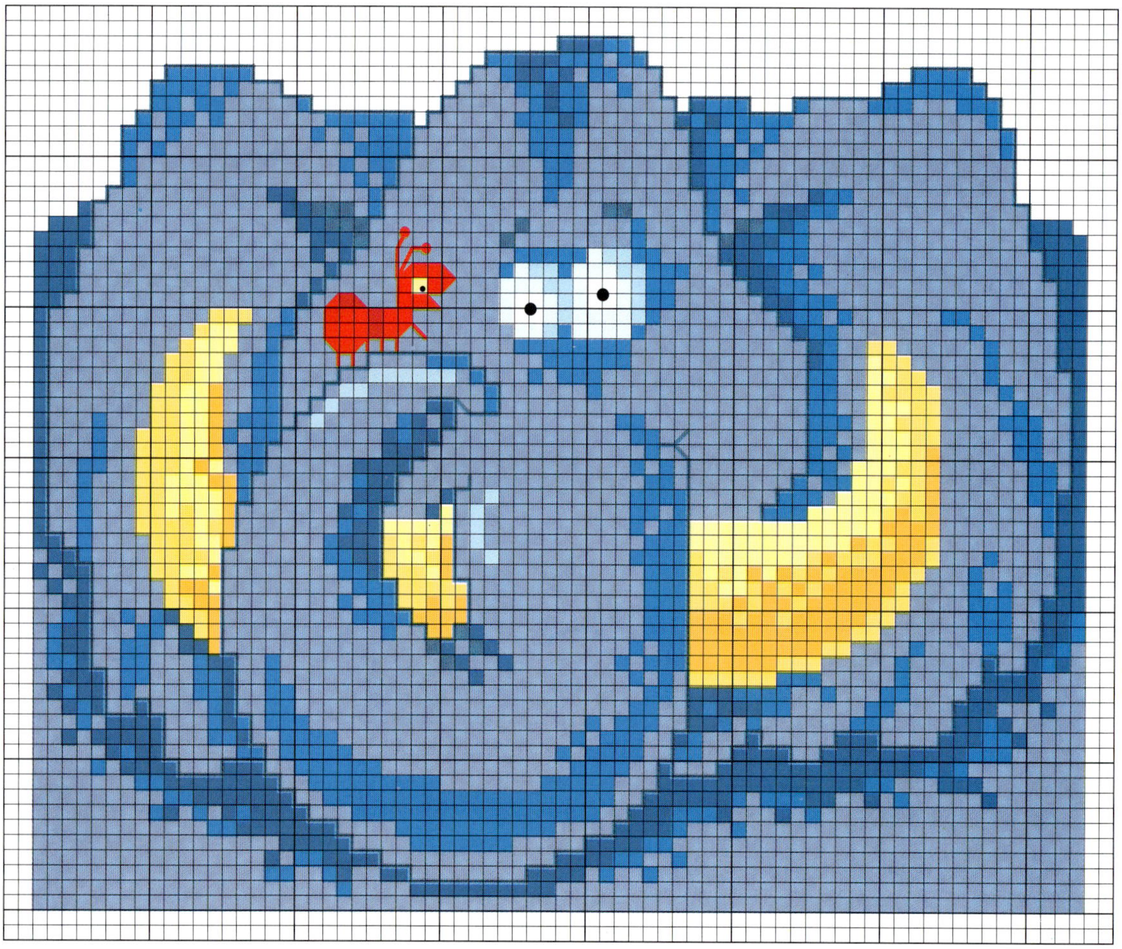

- 304
- 312
- 322
- 334
- 606
- 519
- 726
- 725
- 742
- 775
- 798
- schwarz
- weiß

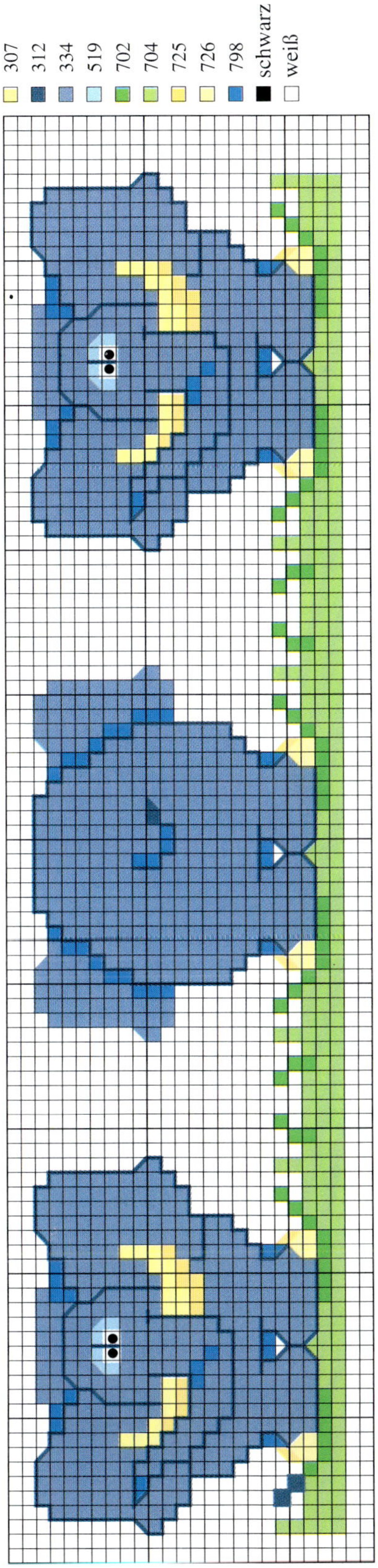
307
312
334
519
702
704
725
726
798
schwarz
weiß

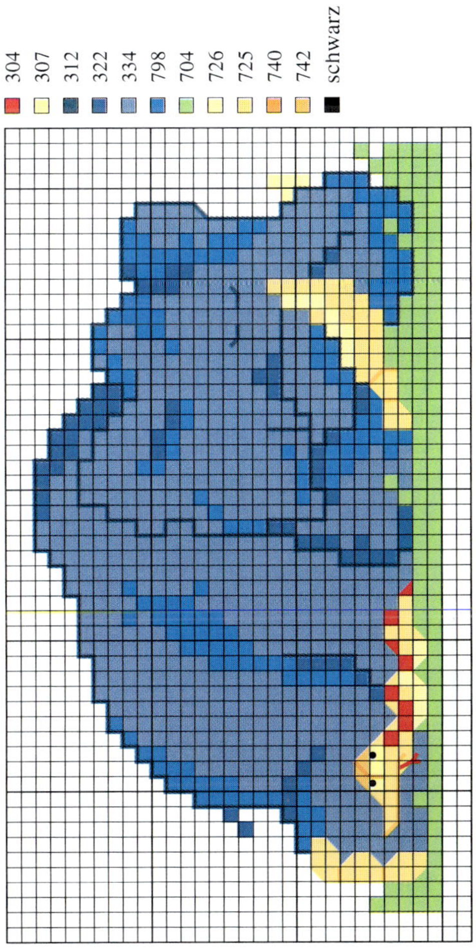
304
307
312
322
334
798
704
726
725
740
742
schwarz

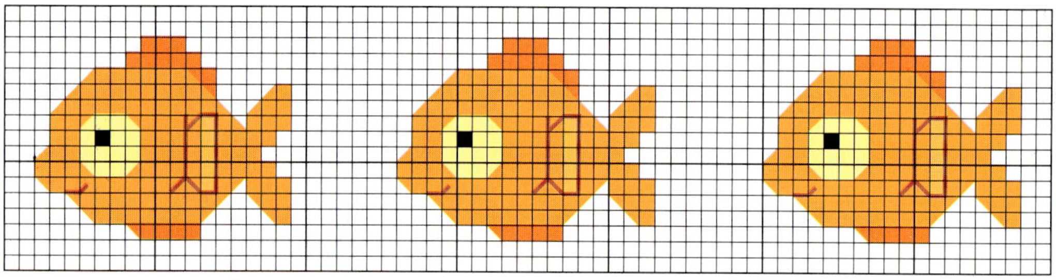

- 307
- 608
- 740
- 742
- 919
- schwarz

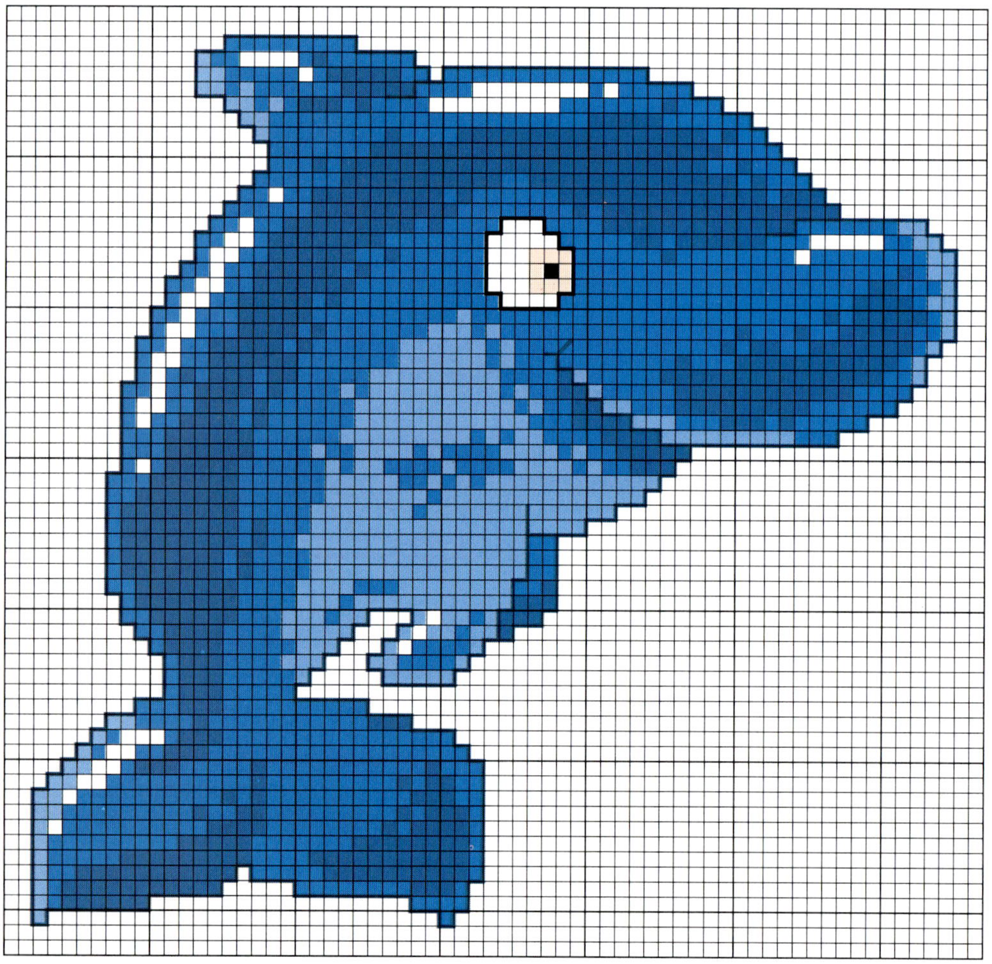

- 311
- 322
- 761
- 798
- 826
- schwarz
- weiß

- 602
- 603
- 604
- 702
- 704
- schwarz

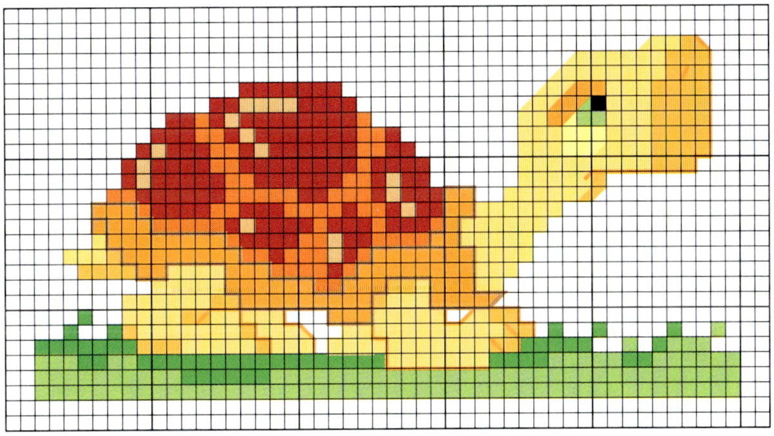

- 307
- 702
- 704
- 720
- 725
- 740
- 742
- 816
- 780
- 680
- schwarz

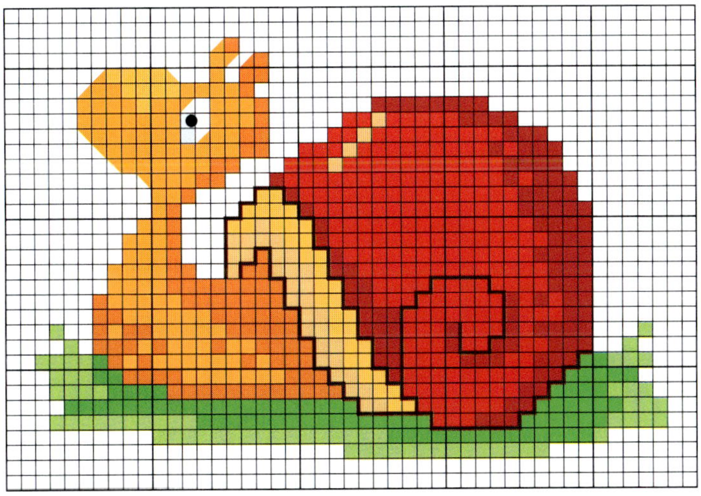

- 304
- 702
- 704
- 775
- 720
- 740
- 742
- 783
- 816
- 898
- schwarz
- weiß

- 307
- 606
- 702
- 704
- 742
- 780
- schwarz
- weiß

- 606
- 699
- 702
- 704
- 726
- 826
- 898
- 906
- 907
- 973
- 975
- schwarz
- weiß

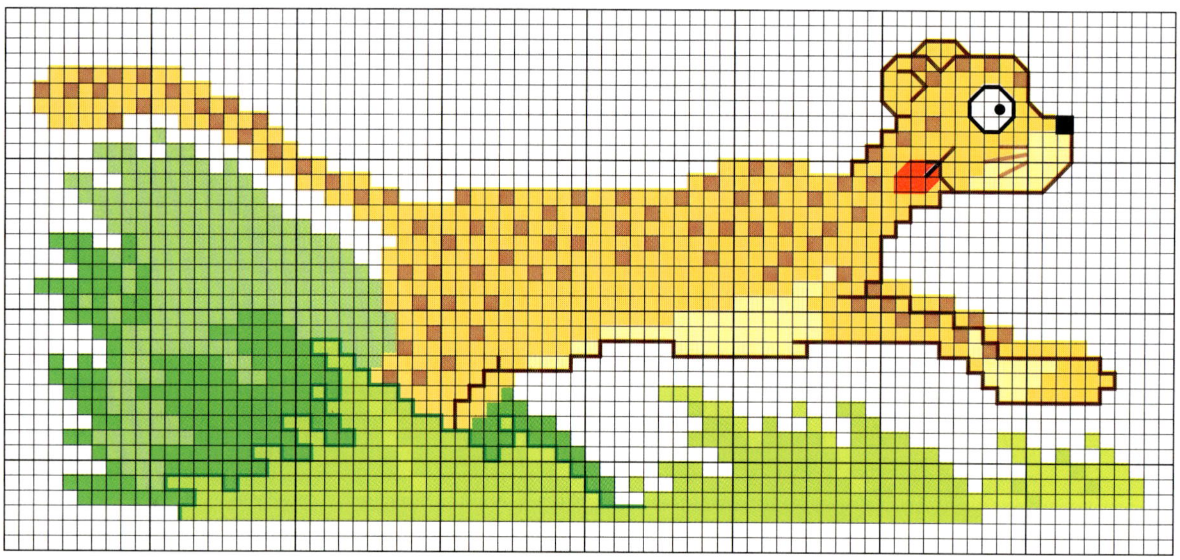

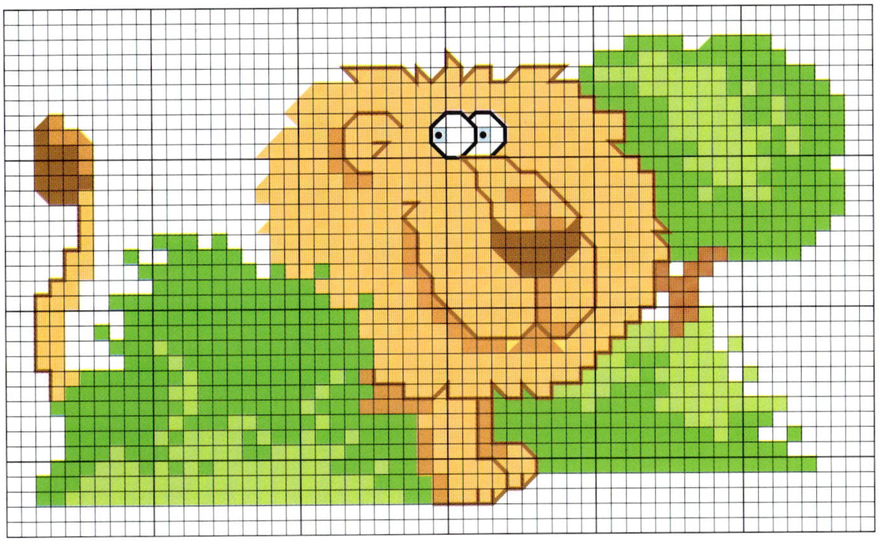

- 433
- 435
- 519
- 702
- 704
- 725
- 783
- 975
- schwarz
- weiß

- 433
- 783
- 976
- schwarz
- weiß

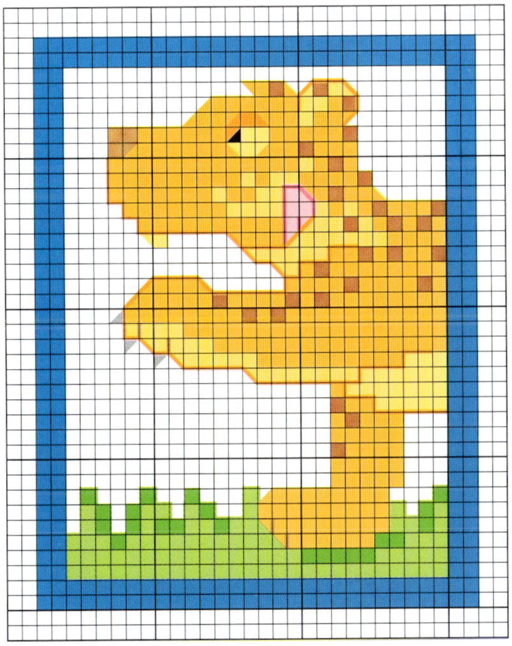

- 318
- 444
- 601
- 603
- 702
- 704
- 725
- 740
- 742
- 780
- 798
- 975
- schwarz

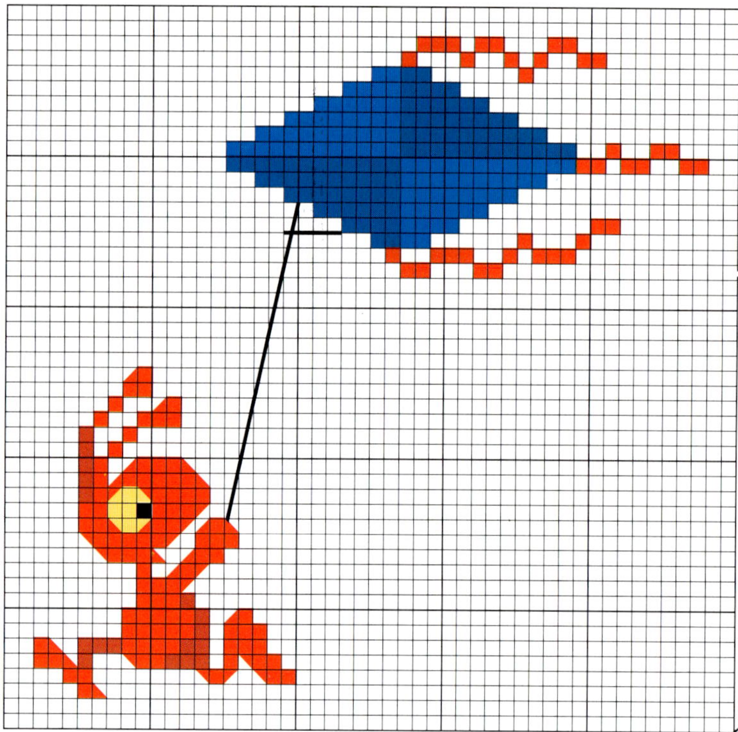

- 304
- 322
- 444
- 606
- 798
- schwarz

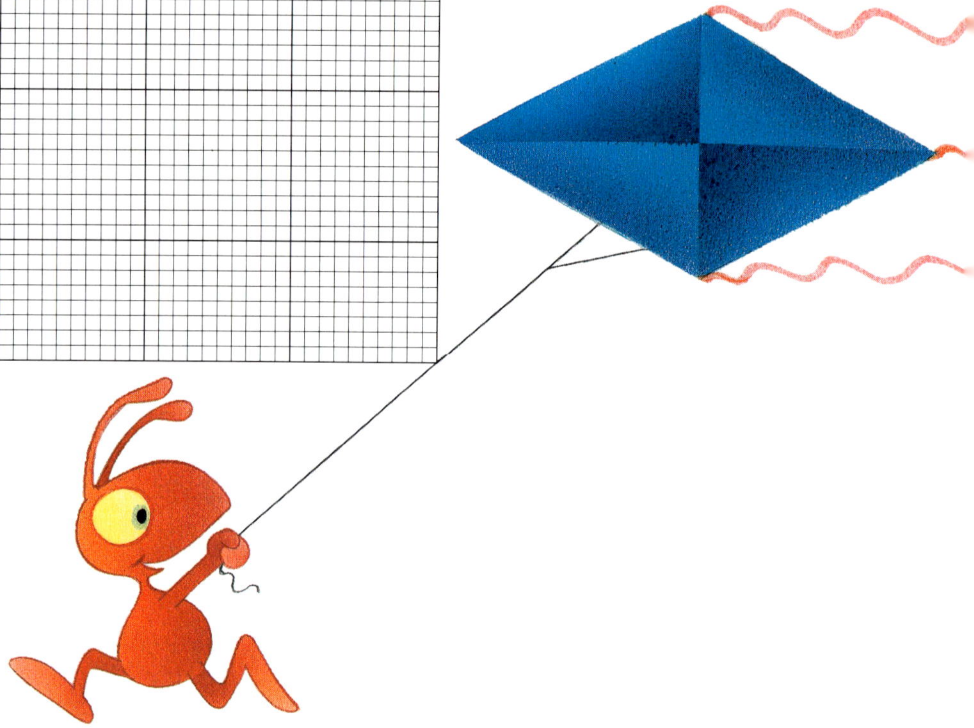

- 304
- 606
- 702
- 704
- 726
- 742
- 783
- 973
- schwarz

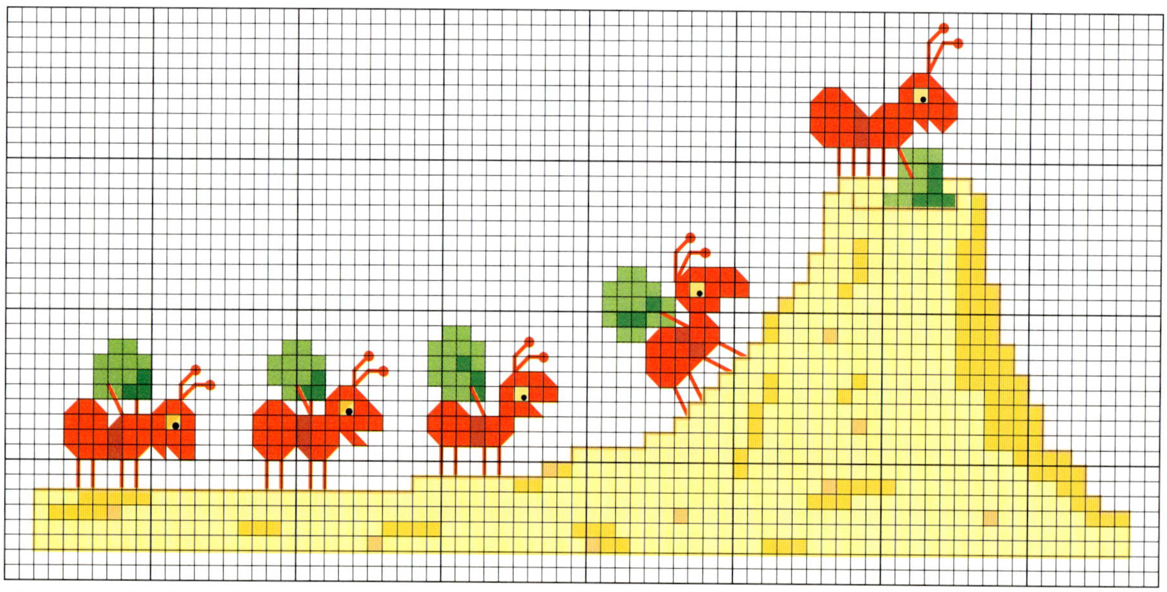

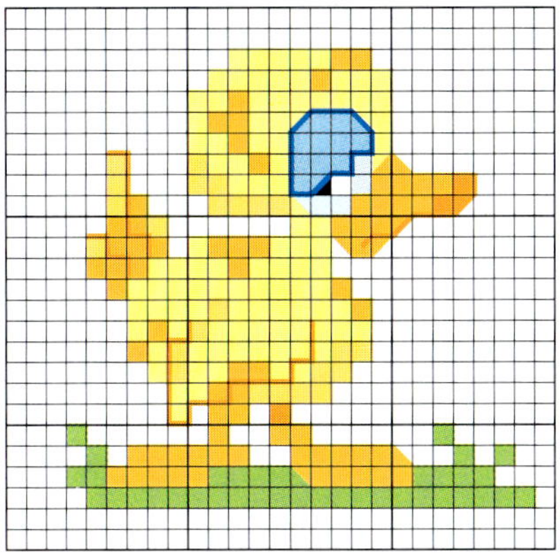

- 307
- 519
- 704
- 725
- 775
- 740
- 742
- 798
- schwarz
- weiß

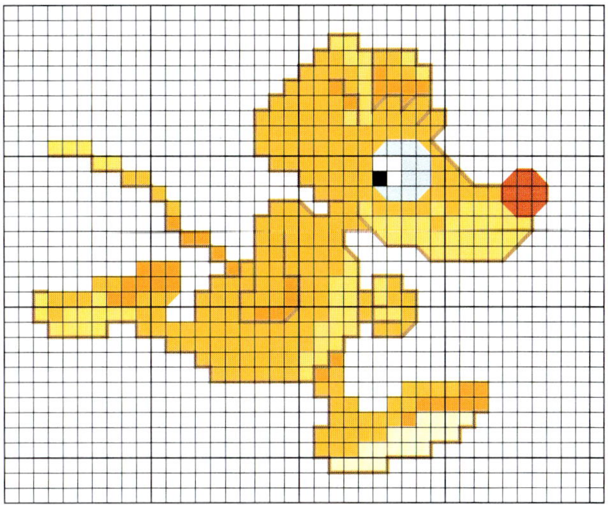

- 321
- 445
- 725
- 742
- 740
- 775
- 780
- schwarz
- weiß

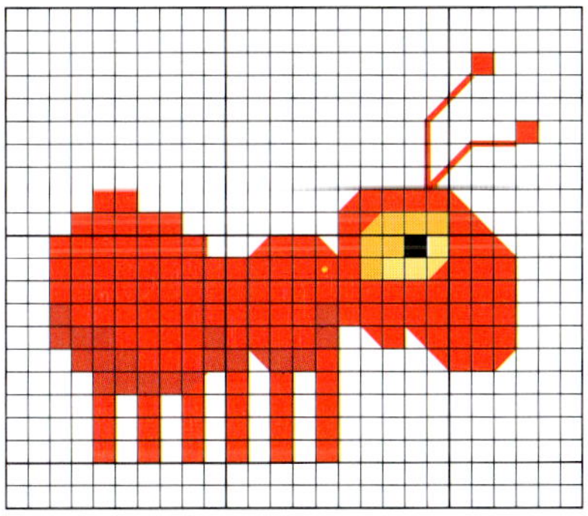

- 304
- 444
- 606
- 742
- schw.

- 606
- 725
- 740
- 742
- schwarz

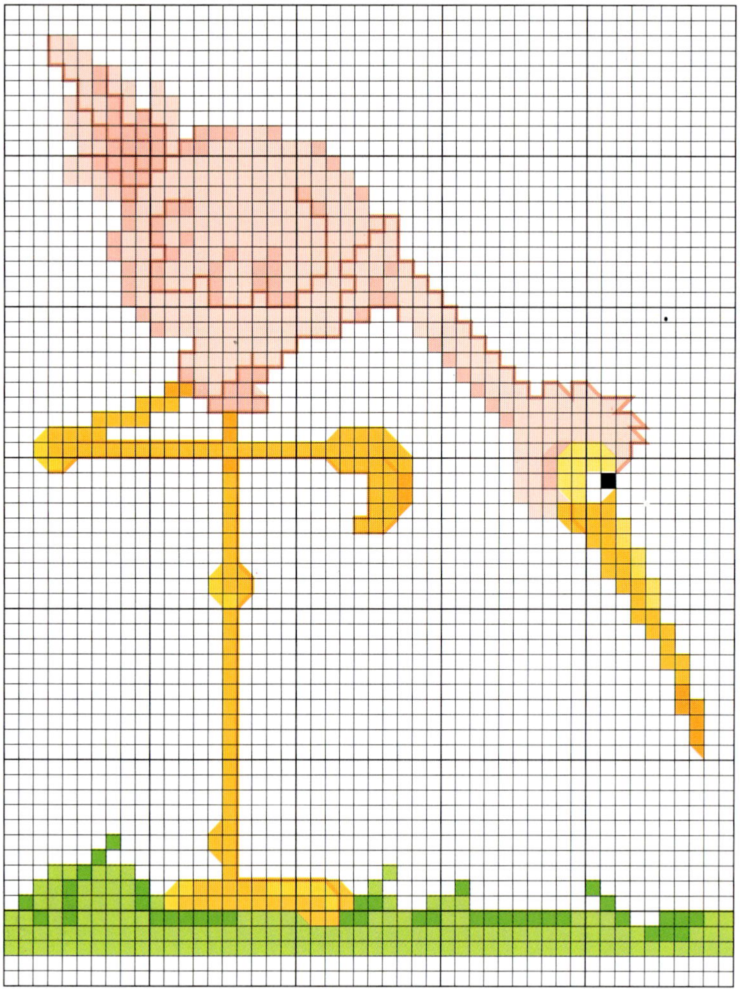

- 444
- 702
- 704
- 725
- 740
- 742
- 961
- 962
- 973
- 3716
- schwarz
- weiß

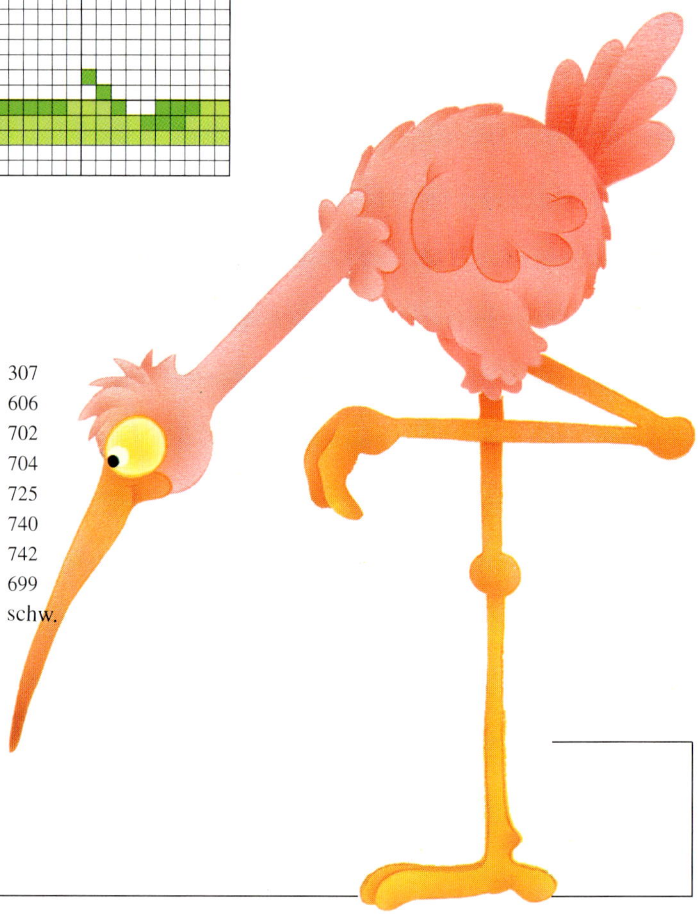

- 307
- 606
- 702
- 704
- 725
- 740
- 742
- 699
- schw.

- 434
- 444
- 647
- 648
- 702
- 742
- 783
- 907
- 976
- 898
- schwarz

- 317
- 413
- 645
- 702
- 704
- 762
- 927
- schw.

# PIGGY

Piggy ist ein quicklebendiges Schweinchen aus der Zeichenfeder von Mick Inkpen, der auch den Bären Teddy gezeichnet hat. Es ist bonbonrosa, hat ein sympathisches, breit lächelndes Mäulchen und große Ohren, die seine jeweilige Stimmung erkennen lassen: Wenn es vergnügt ist, flattern sie wie Wimpel im Wind, und wenn es traurig ist, hängen sie schlapp herunter. Piggy spielt gerne und erfindet dauernd neue Spiele, die es allein oder mit der fröhlichen Schar seiner Freunde spielt.

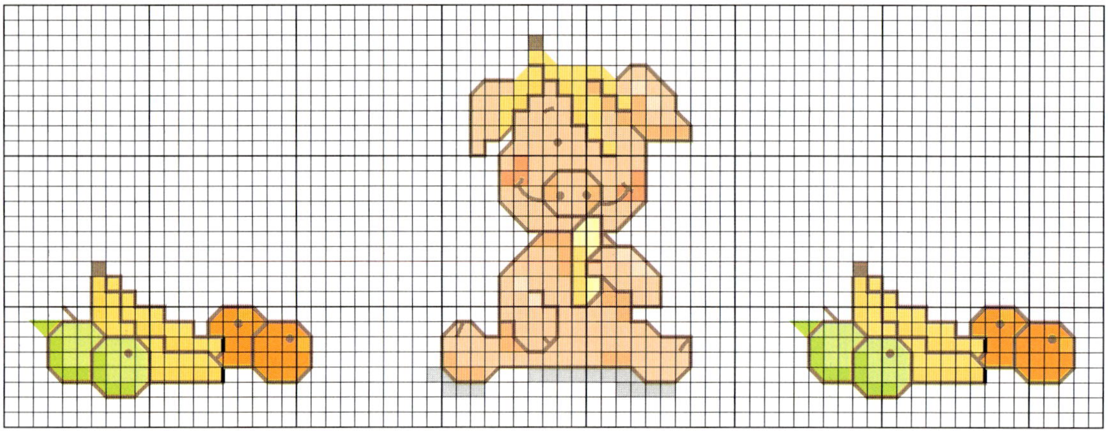

- 415
- 444
- 445
- 725
- 740
- 742
- 754
- 819
- 906
- 907
- 3064
- 3712
- 3824
- schw.

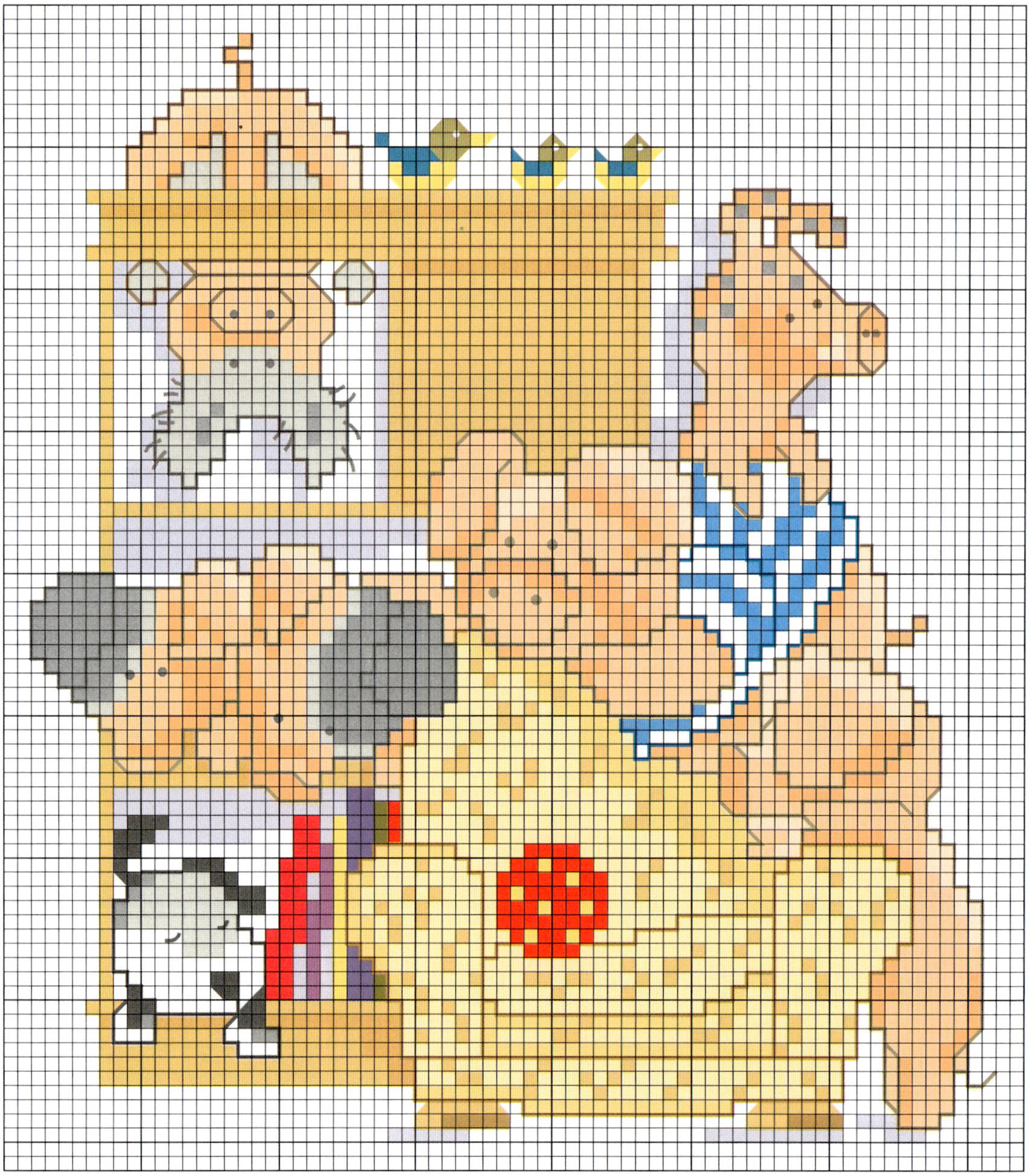

- 208
- 444
- 422
- 436
- 451
- 517
- 606
- 647
- 648
- 731
- 754
- 792
- 819
- 834
- 996
- 3046
- 3047
- 3787
- 3810
- 3824
- 3705
- 3346
- schw.
- weiß

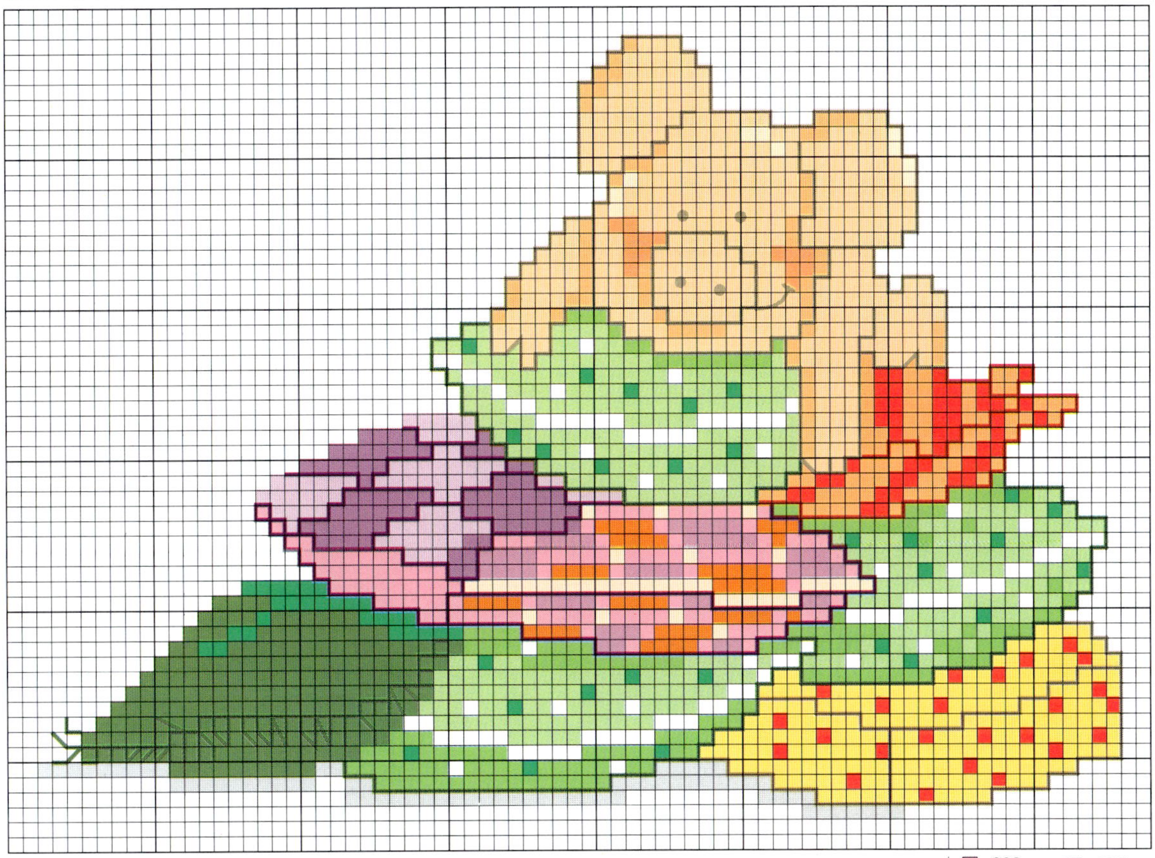

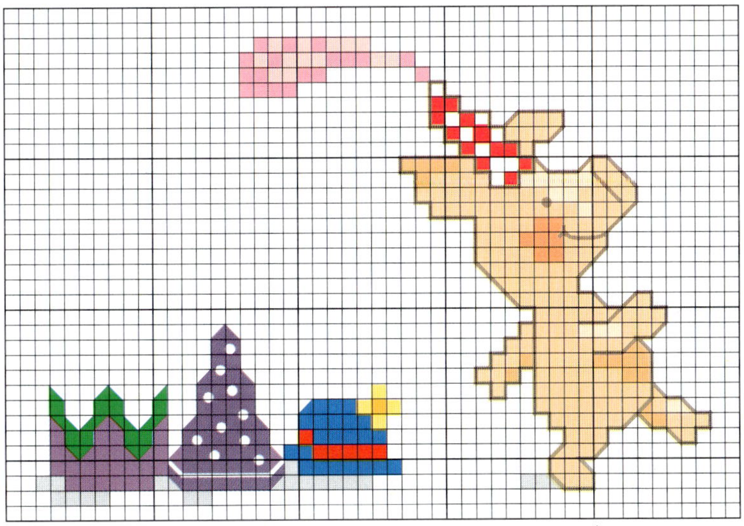

- 333
- 415
- 444
- 602
- 606
- 699
- 742
- 754
- 798
- 819
- 3064
- 3705
- 3712
- 3716
- 3746
- 3824
- weiß

| | |
|---|---|
| 208 | 955 |
| 415 | 986 |
| 444 | 3064 |
| 550 | 3606 |
| 554 | 3607 |
| 720 | 3705 |
| 722 | 3712 |
| 754 | 3812 |
| 816 | 3814 |
| 819 | 3824 |
| 954 | weiß |

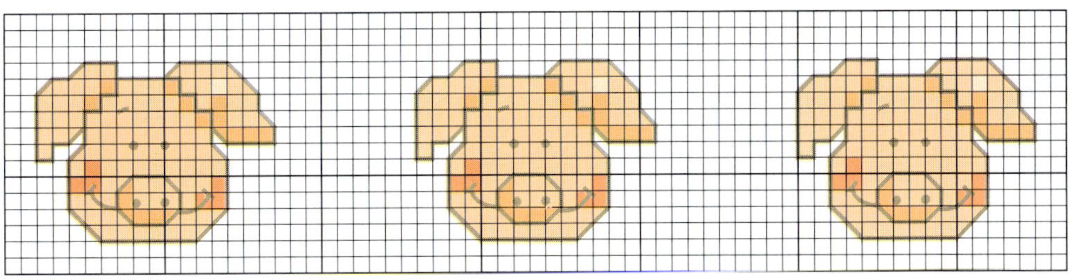

- 754
- 819
- 3064
- 3712
- 3824

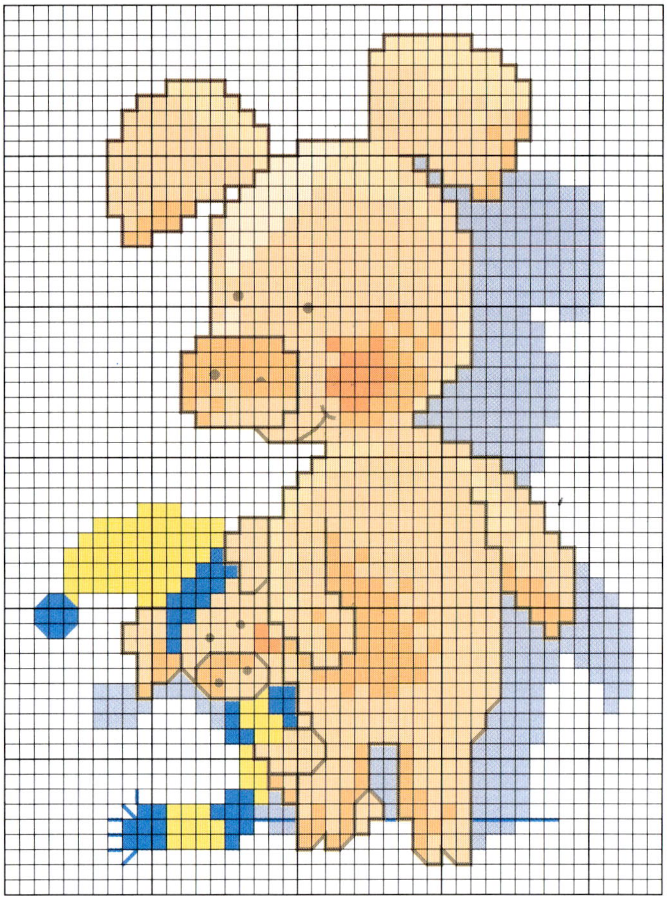

- 444
- 754
- 819
- 826
- 945
- 3064
- 3712
- 3747
- 3824

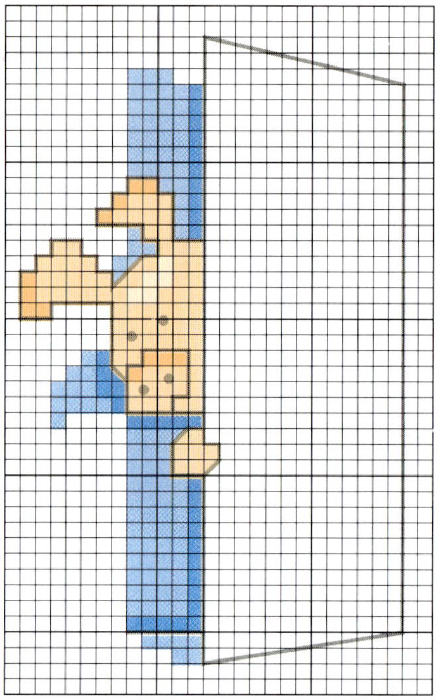

- 451
- 754
- 813
- 819
- 827
- 3064
- 3824
- weiß

- 451
- 517
- 648
- 647
- 754
- 819
- 996
- 3064
- 3712
- 3747
- 3824
- weiß

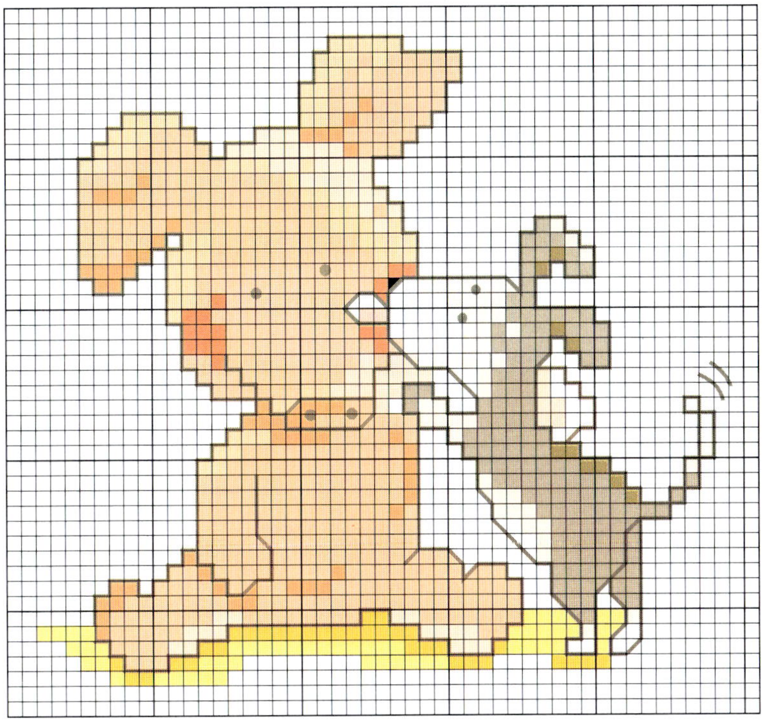

- 543
- 612
- 726
- 725
- 754
- 761
- 841
- 945
- 819
- 3064
- 3712
- 3790
- 3824
- schwarz
- weiß

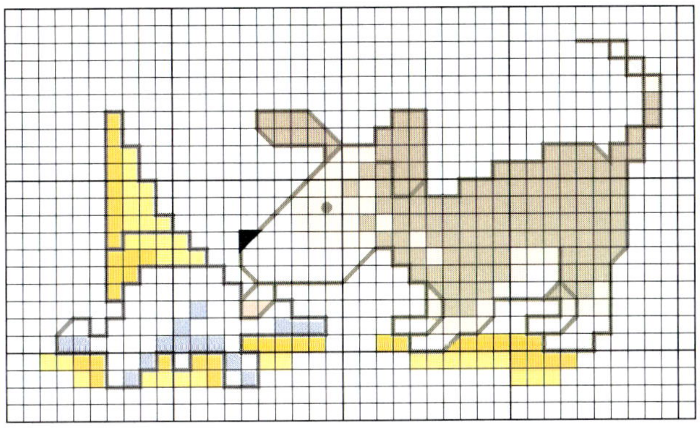

- 451
- 543
- 726
- 725
- 761
- 841
- 3747
- 3790
- schw.
- weiß

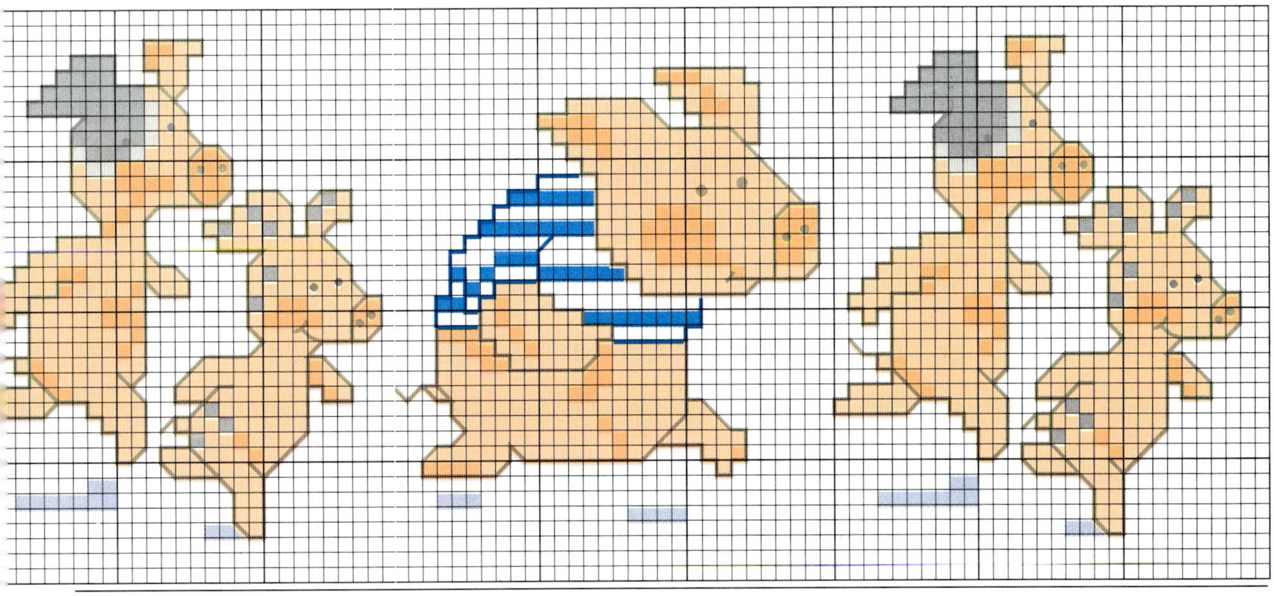

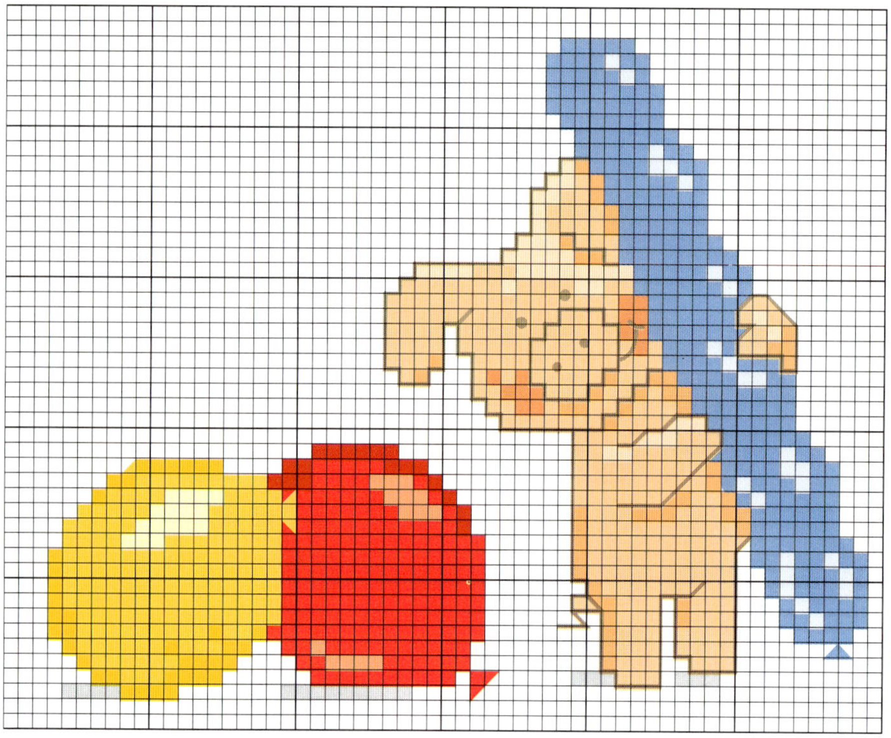

- 304
- 415
- 725
- 754
- 760
- 826
- 973
- 819
- 3064
- 3078
- 3705
- 3712
- 3756
- 3824

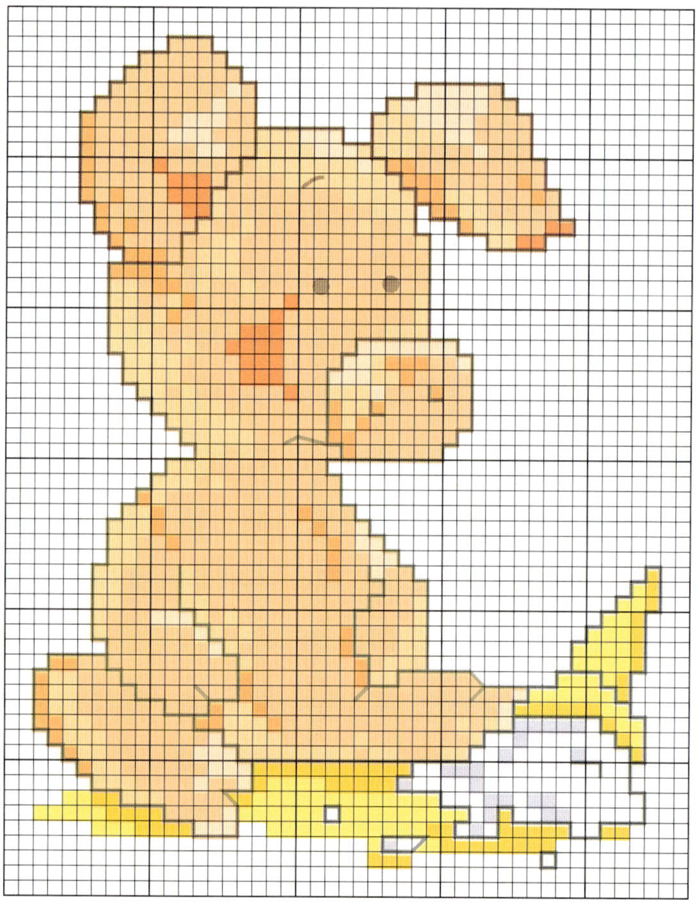

- 451
- 725
- 726
- 754
- 819
- 945
- 3064
- 3712
- 3747
- 3824
- weiß

- 451
- 445
- 725
- 726
- 754
- 798
- 819
- 945
- 3064
- 3712
- 3747
- 3824

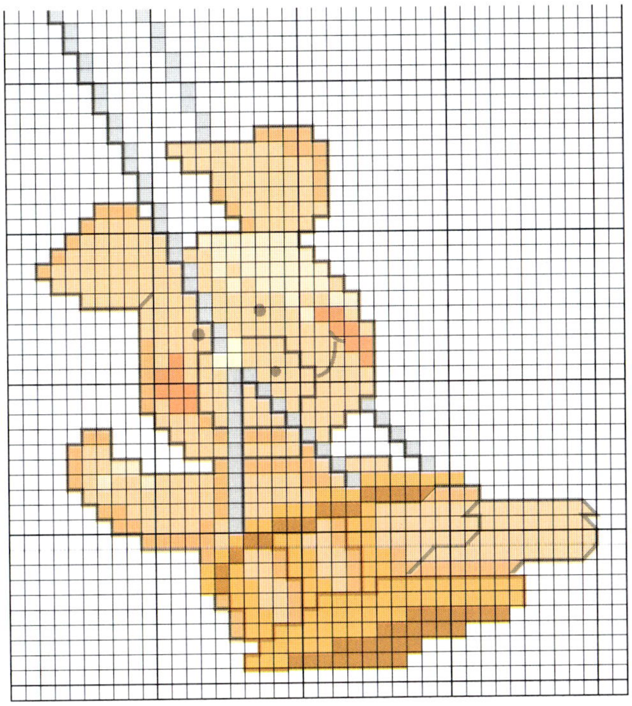

| | | |
|---|---|---|
| 415 | 783 | 3712 |
| 435 | 819 | 3824 |
| 451 | 3064 | weiß |
| 754 | 3078 | |

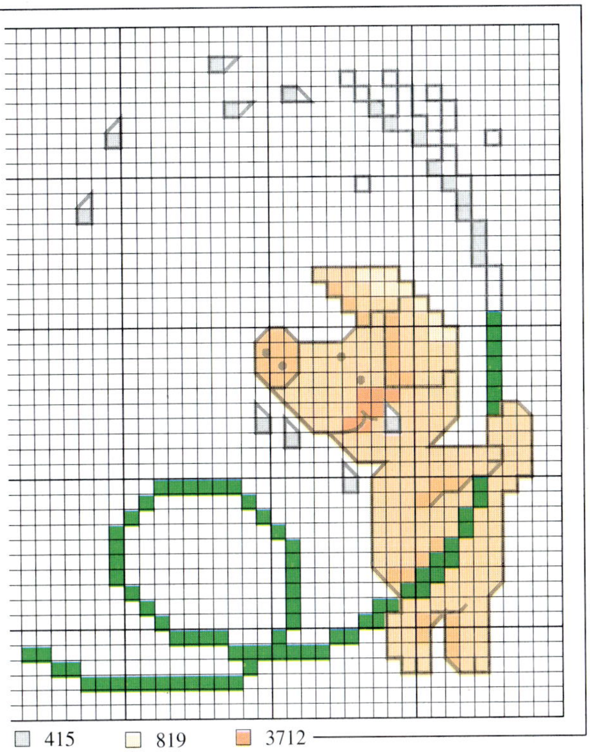

| | | |
|---|---|---|
| 415 | 819 | 3712 |
| 318 | 699 | 3824 |
| 754 | 3064 | weiß |

- 451
- 726
- 725
- 754
- 798
- 819
- 3064
- 3712
- 3824
- weiß

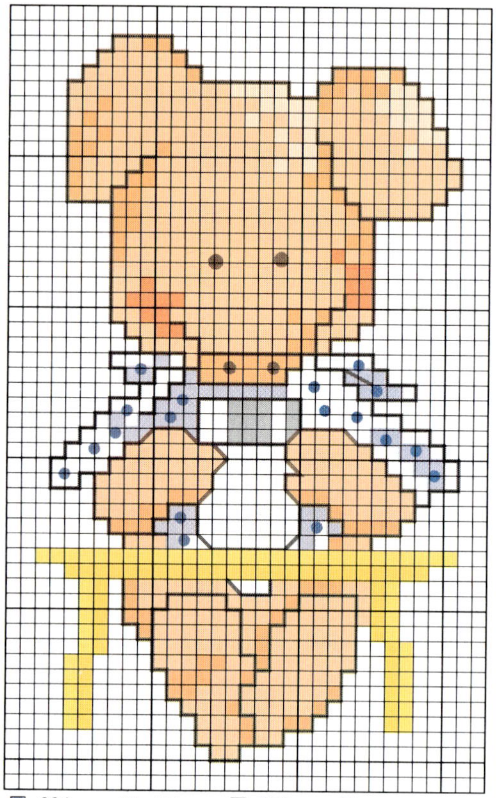

| | | | |
|---|---|---|---|
| 334 | 451 | 762 | 3712 |
| 415 | 725 | 819 | 3747 |
| 444 | 754 | 3064 | 3824 |
| | | | weiß |

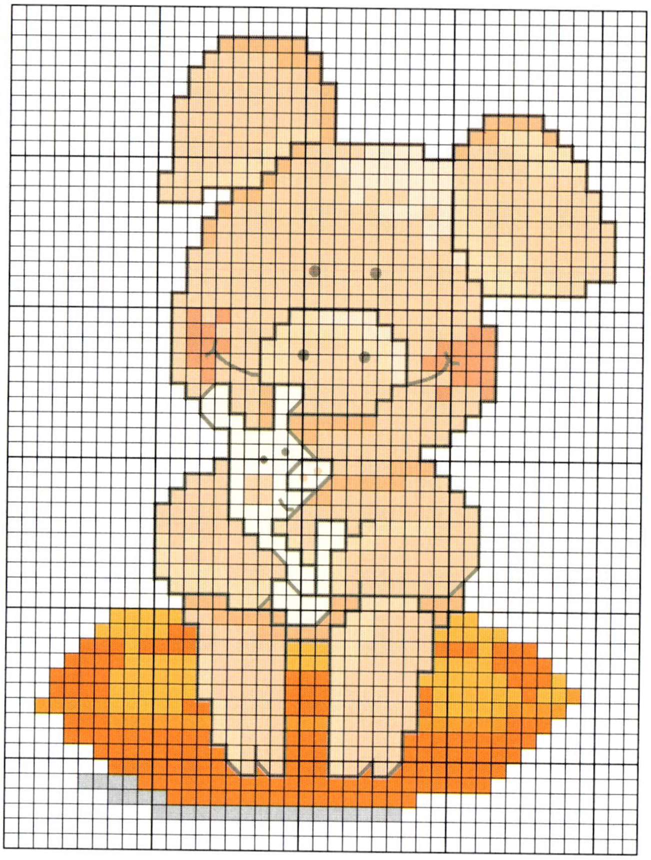

415
608
740
742
754
760
819
822
945
3064
3712
3824

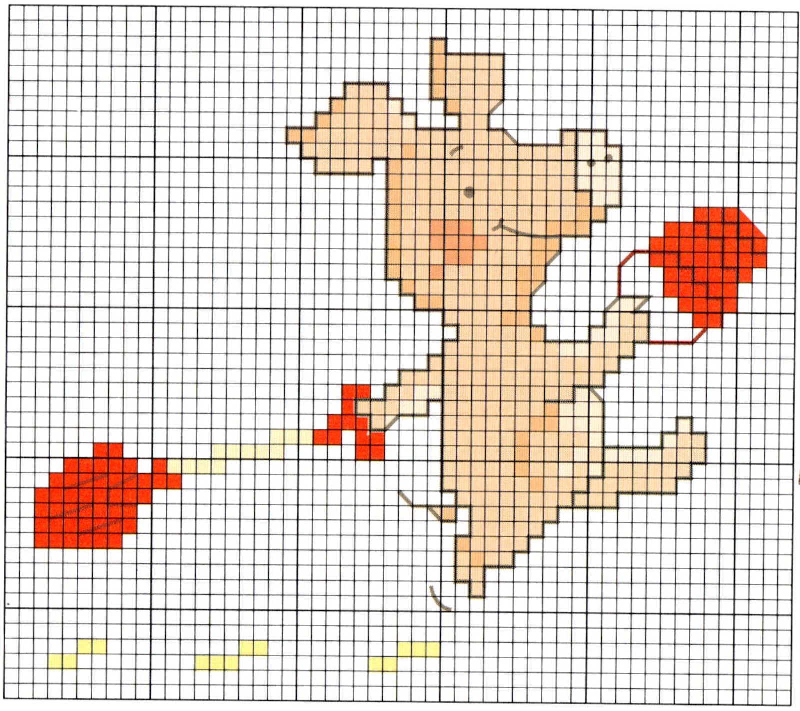

606
726
754
816
819
3047
3064
3712
3824

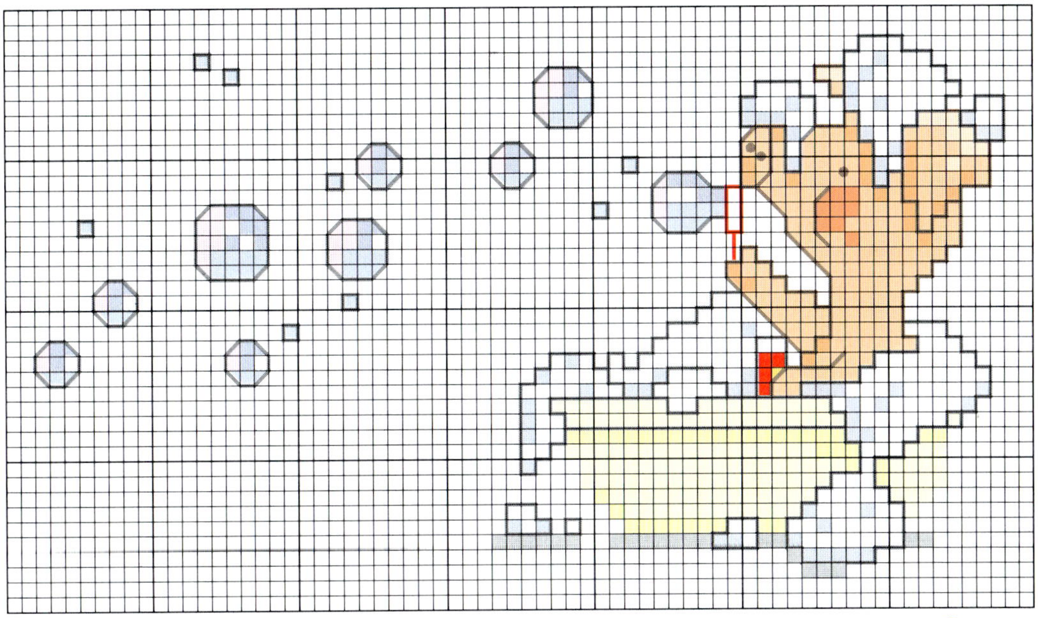

- 211
- 318
- 415
- 444
- 445
- 606
- 754
- 800
- 819
- 3064
- 3078
- 3712
- 3747
- 3824
- weiß

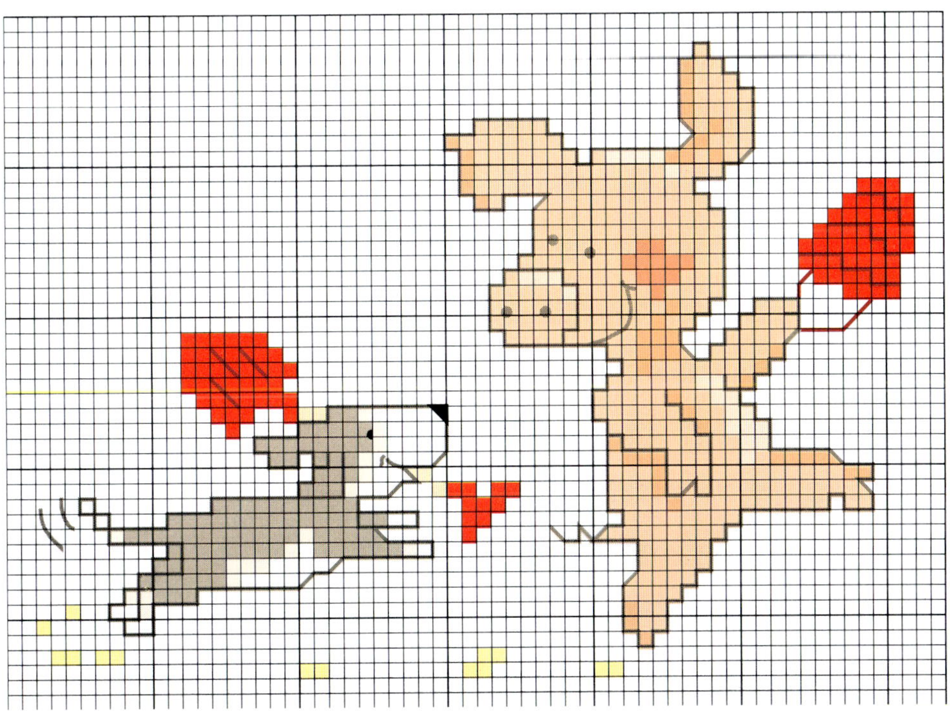

- 543
- 606
- 726
- 754
- 816
- 841
- 819
- 3047
- 3064
- 3712
- 3790
- 3824
- schwarz
- weiß

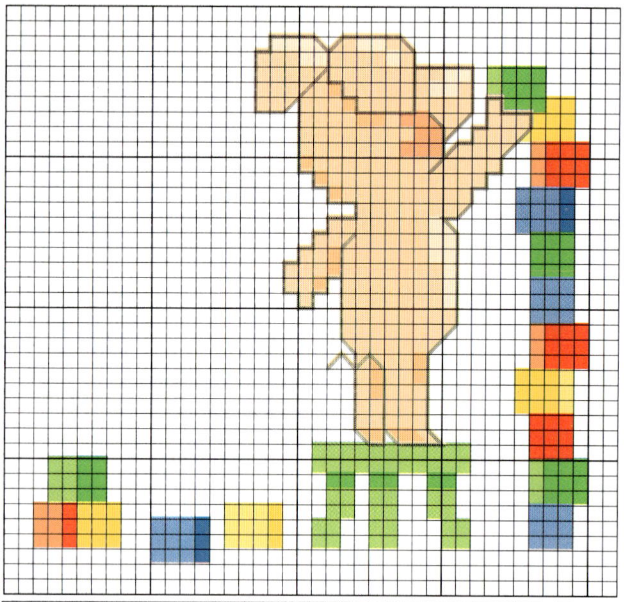

322, 334, 351, 444, 606, 702, 704, 754, 819, 973, 3064, 3712, 3824

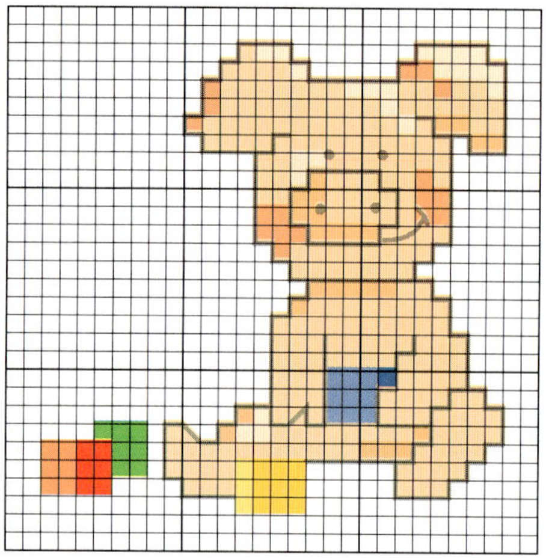

322, 334, 351, 444, 606, 702, 754, 819, 973, 3064, 3712, 3824

451, 445, 543, 606, 725, 742, 842, schwarz, weiß

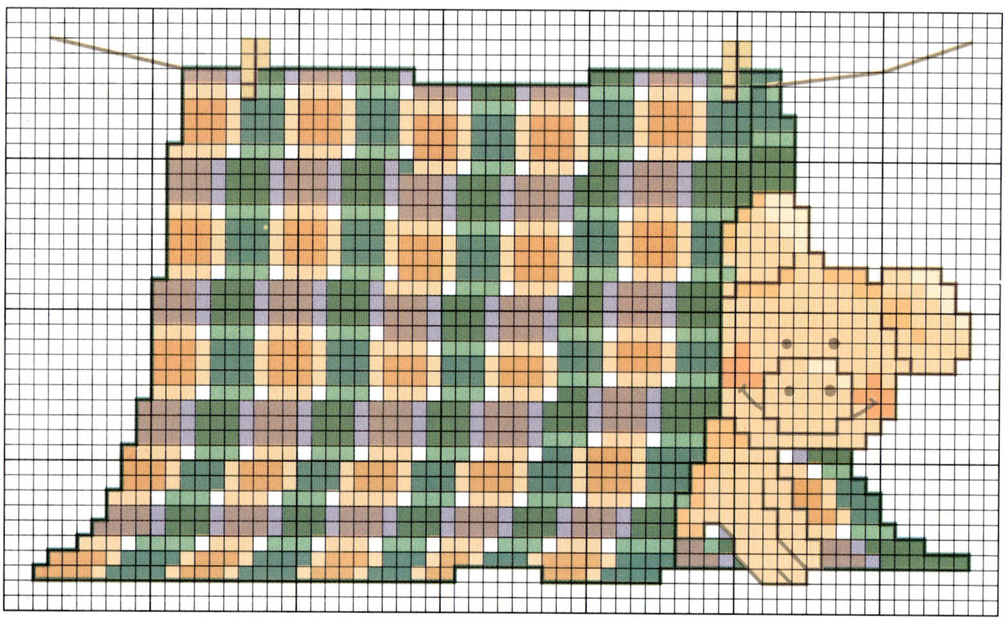

316, 340, 676, 722, 754, 819, 986, 991, 993, 3064, 3712, 3814, 3824, weiß

| | | | |
|---|---|---|---|
| 322 | 702 | 760 | |
| 334 | 704 | 783 | |
| 351 | 725 | 819 | 3712 |
| 415 | 727 | 973 | 3824 |
| 445 | 742 | 3064 | schw. |
| 680 | 754 | 3705 | weiß |

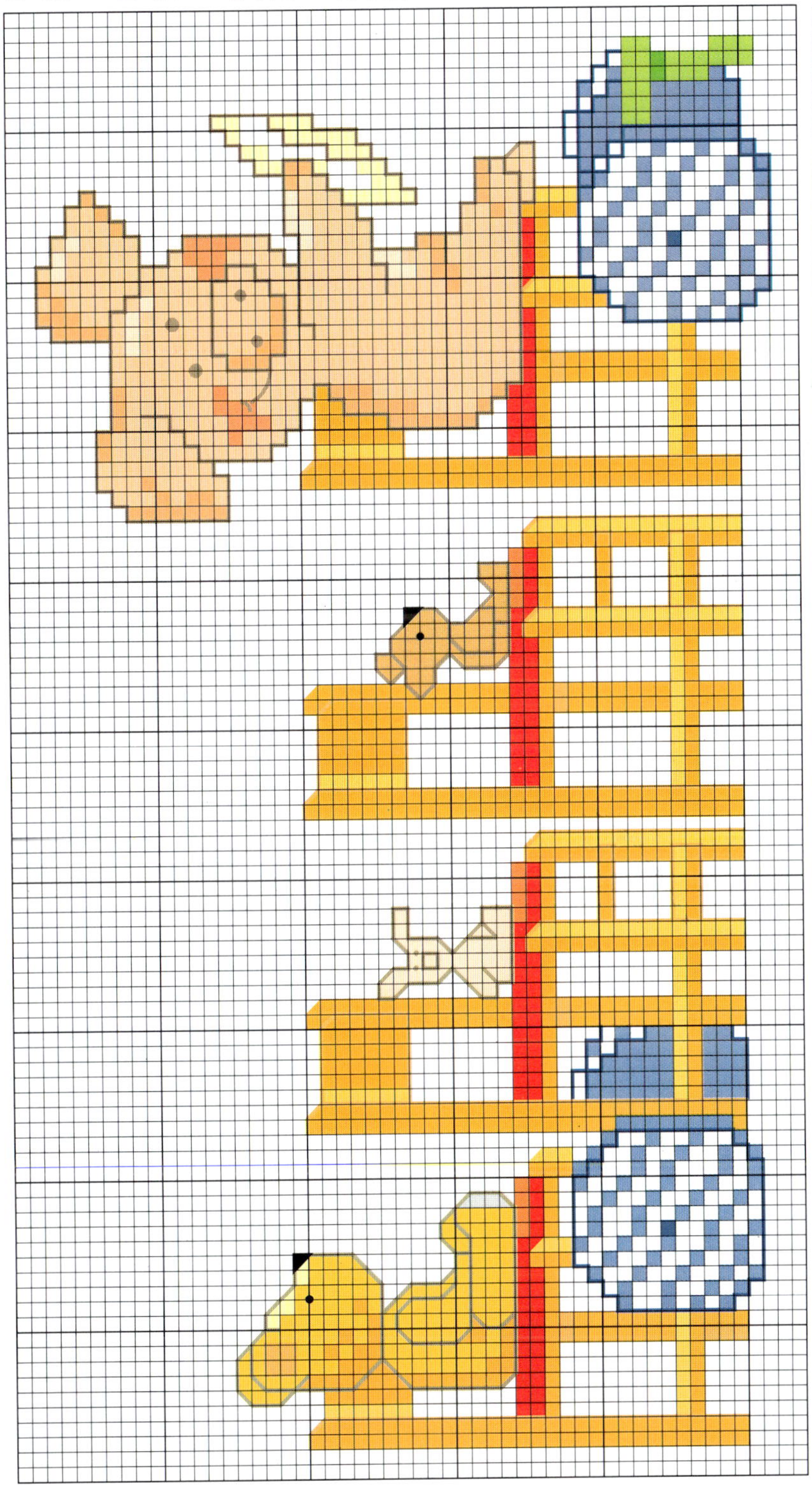

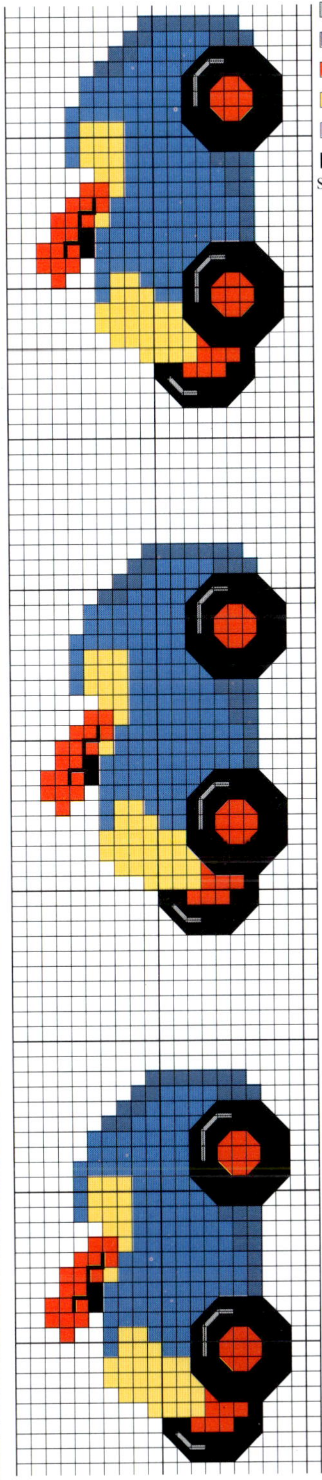

318
322
606
725
798
schw.

A
B
C

# LUPOROSSO

Luporosso ist ein kleines, rotes Wölfchen und ein Geschöpf des italienischen Architekten Mario Gomboli, der sich als Fernseh- und Kinderbuchautor und Illustrator einen Namen gemacht hat. Luporosso ist die sympathische Hauptfigur einer Bilderbuchreihe. Der kleine Wolf stolpert von einem Mißgeschick zum nächsten, bringt aber ganz nebenbei den Kindern bei, was man in den verschiedenen Situationen tun und lassen soll.
Es gibt solche Erziehungsbücher zu Themen wie gutes Benehmen; Straßenverkehr, umweltbewusstes Verhalten, vernünftige Ernährung, Körperpflege usw.

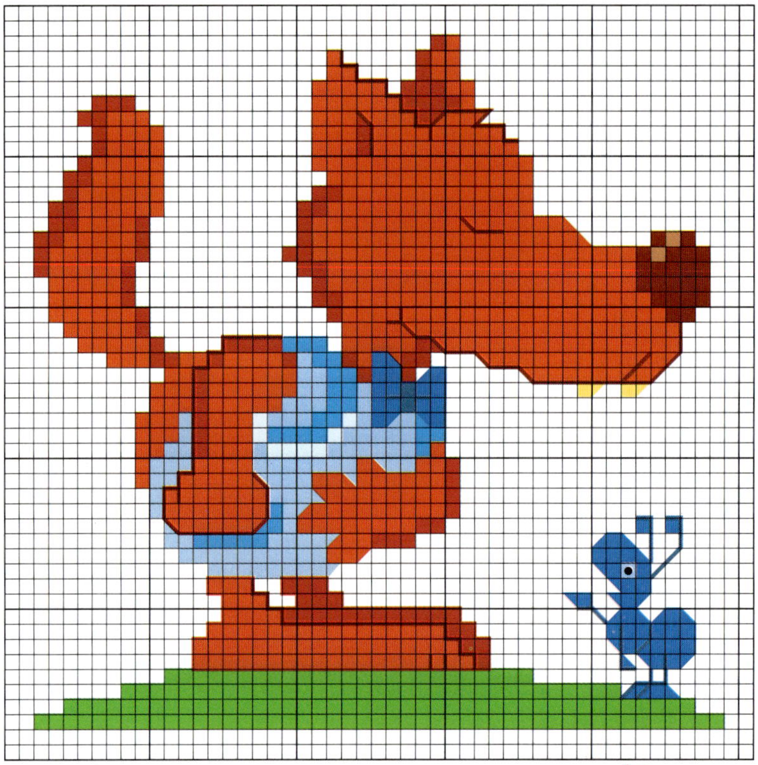

- 300
- 312
- 349
- 444
- 702
- 775
- 798
- 816
- 996
- 3722
- 3761

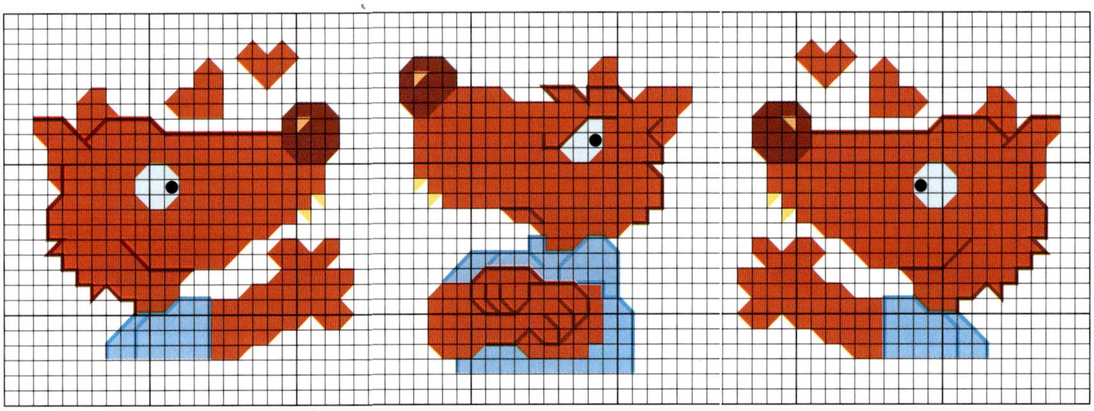

- 300
- 349
- 444
- 996
- 3761
- schwarz

- 300
- 317
- 318
- 349
- 413
- 444
- 702
- 704
- 742
- 775
- 816
- 904
- 927
- 973
- 996
- 3722
- 3761
- schwarz

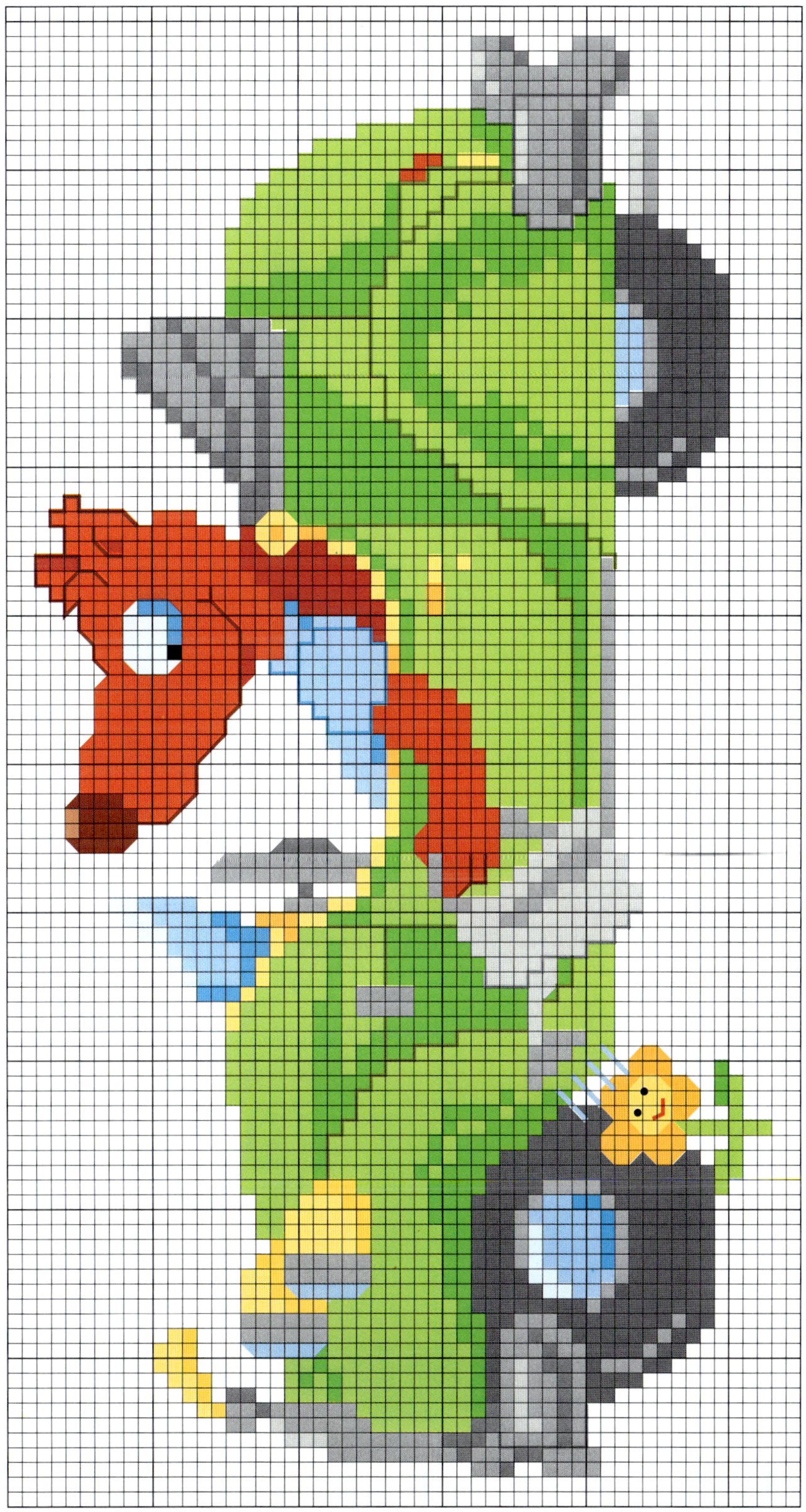

| | |
|---|---|
| 300 | 898 |
| 349 | 962 |
| 444 | 973 |
| 798 | 956 |
| 608 | 996 |
| 740 | 702 |
| 742 | 3722 |
| 816 | 3761 |

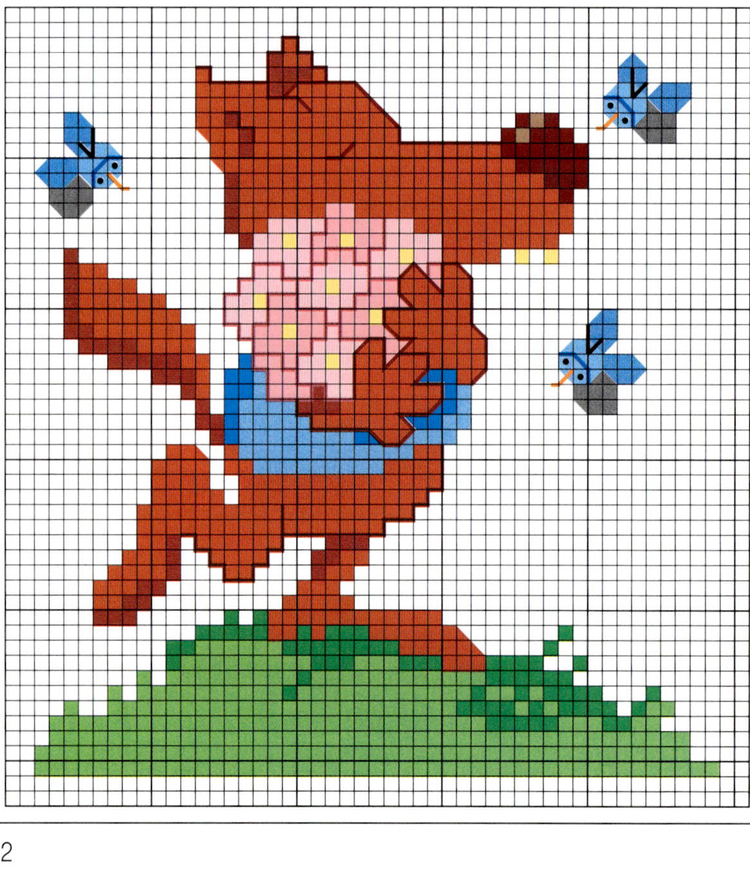

- 300
- 349
- 444
- 602
- 603
- 608
- 645
- 702
- 704
- 798
- 816
- 826
- 996
- 718
- 3761
- 3722

- 300
- 349
- 444
- 602
- 603
- 702
- 704
- 775
- 816
- 973
- 996
- 3722
- 3761
- schwarz

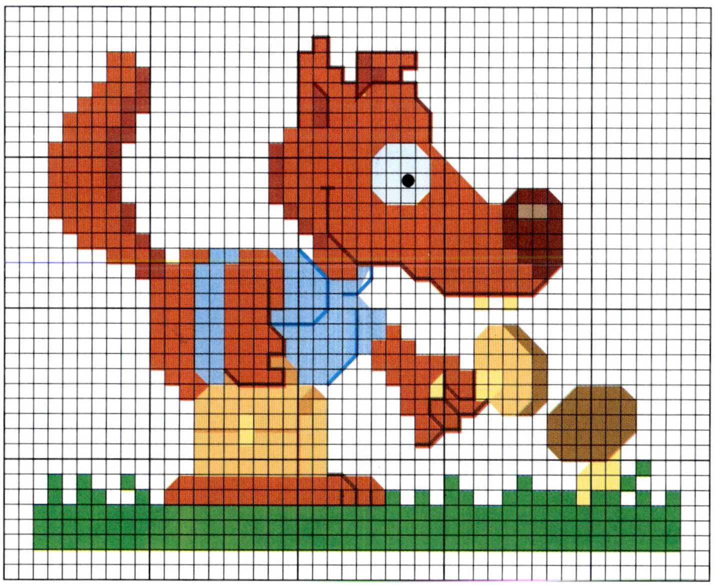

- 300
- 349
- 434
- 444
- 702
- 775
- 783
- 816
- 976
- 996
- 3046
- 2722
- 3761

- 300
- 349
- 422
- 798
- 816
- 898
- 976
- 996
- 3722
- 3761
- schwarz
- weiß

- 444
- 608
- 816
- schwarz
- weiß

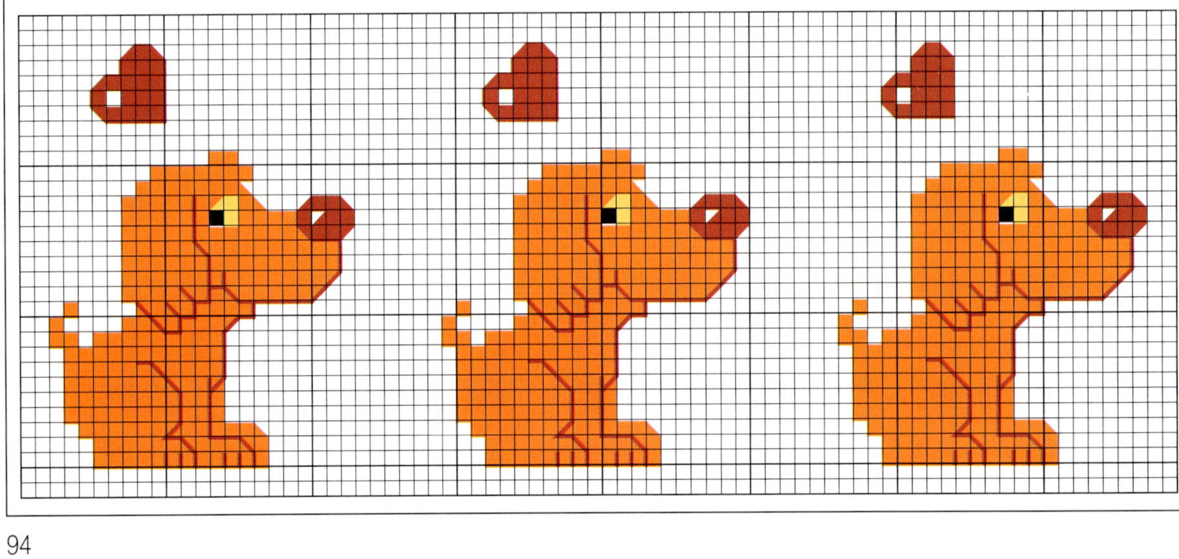

- 300
- 349
- 444
- 645
- 646
- 647
- 760
- 775
- 816
- 996
- 3722
- 3761

- 300
- 317
- 439
- 415
- 444
- 647
- 702
- 906
- 996
- 3722
- 3761

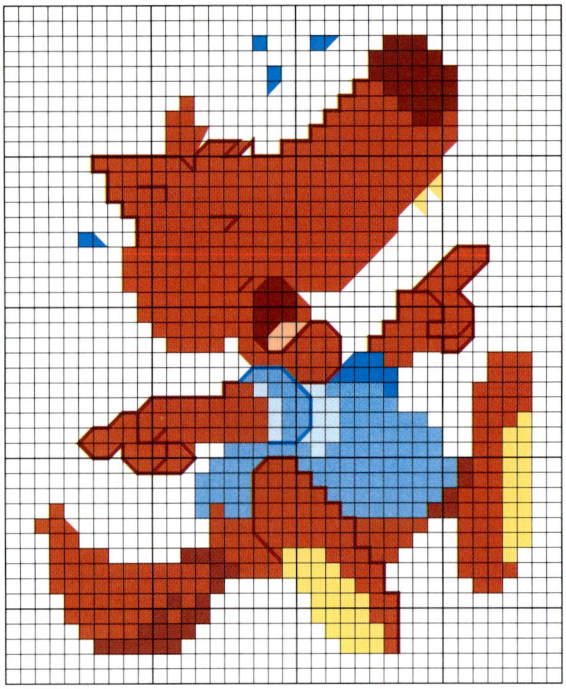

- 300
- 349
- 444
- 760
- 775
- 816
- 996
- 3761

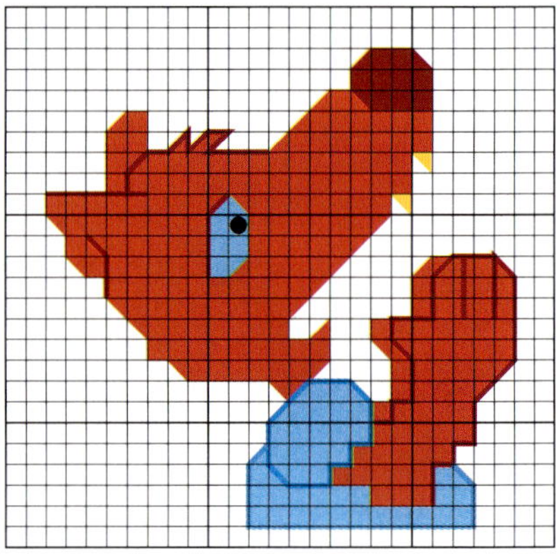

- 300
- 349
- 444
- 996
- 3761
- schwarz

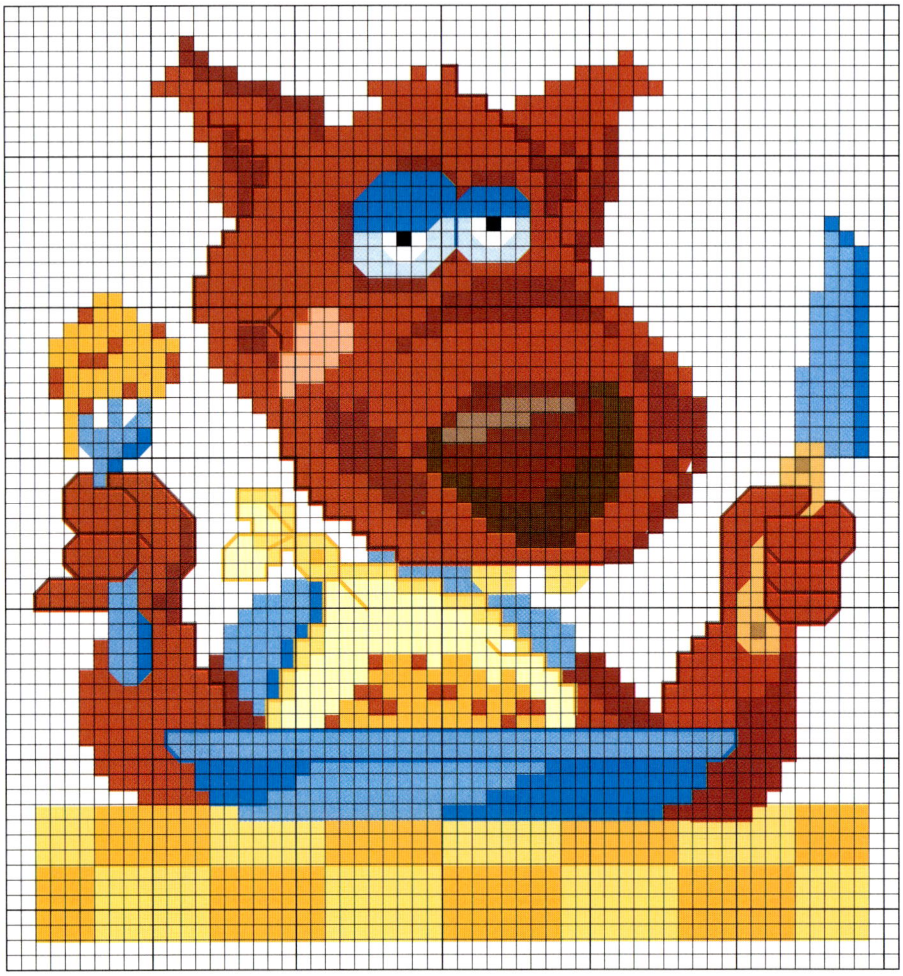

- 300
- 349
- 351
- 444
- 445
- 742
- 760
- 775
- 780
- 783
- 816
- 898
- 996
- 3722
- 3761
- schwarz

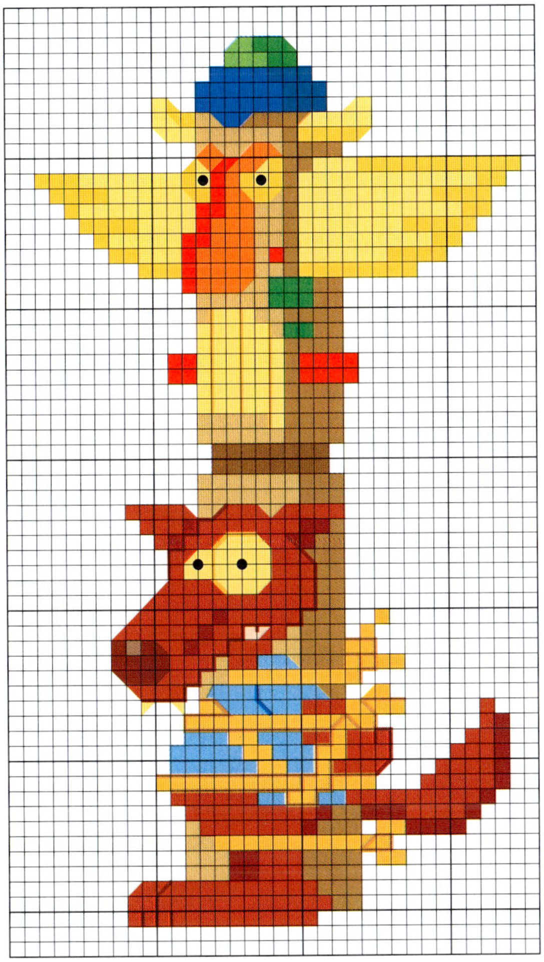

300
349
434
435
444
606
608
680
702
704
742
761
783
798
816
824
973
976
3722
3761
schw.

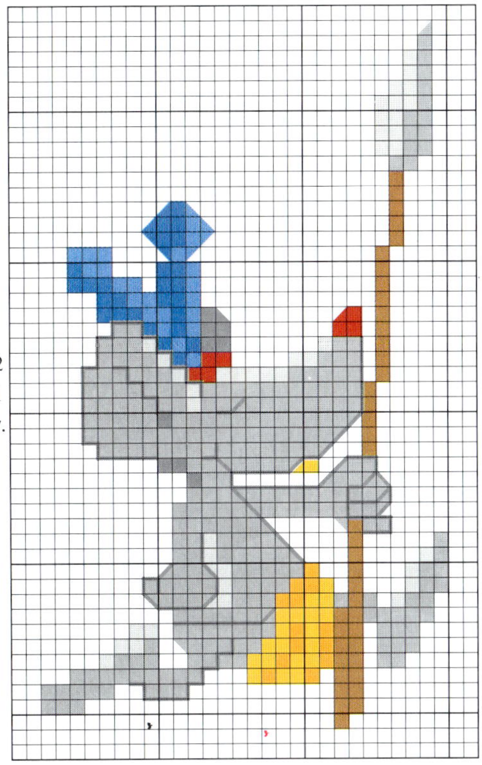

317
318
321
334
742
780
813
927
973

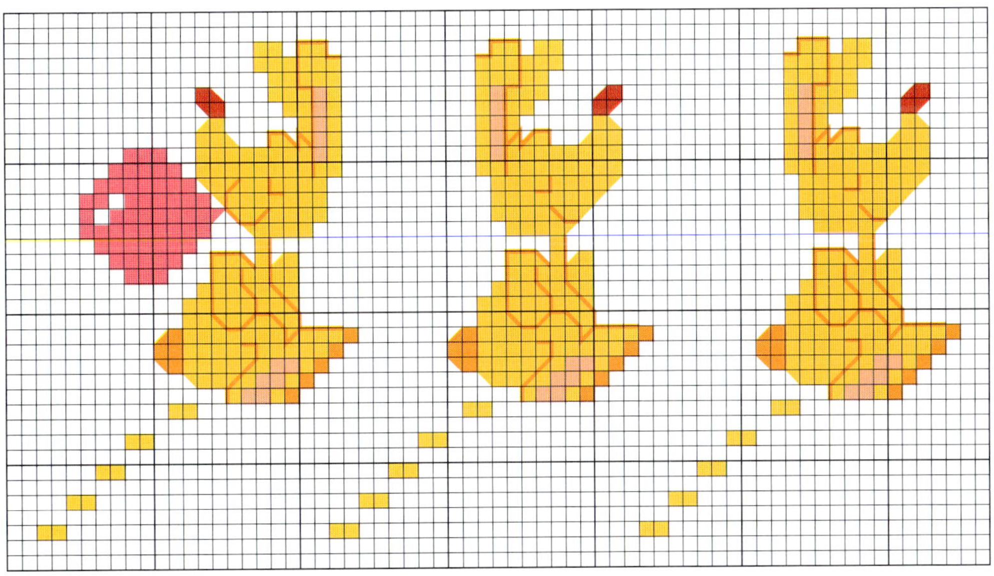

321
601
740
760
973

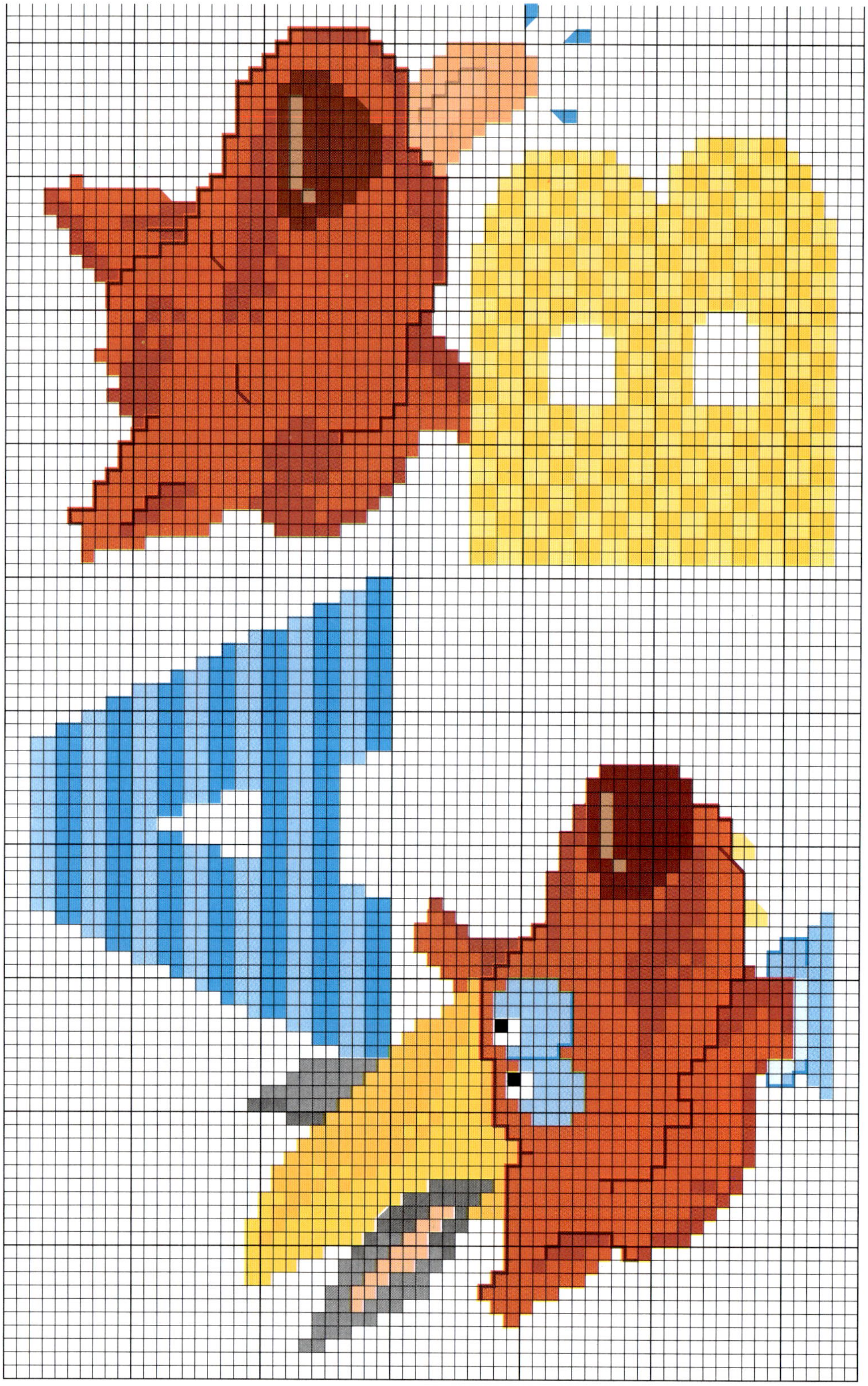

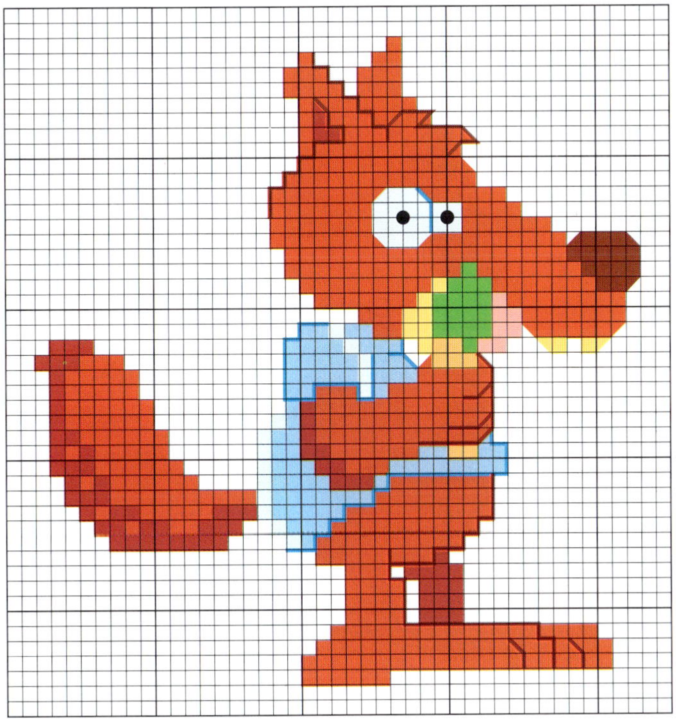

- 444
- 300
- 349
- 702
- 725
- 775
- 783
- 816
- 962
- 996
- 3761
- schwarz

- 300
- 318
- 349
- 444
- 645
- 740
- 742
- 760
- 775
- 816
- 973
- 996
- 3712
- 3761
- 3722
- schwarz
- weiß

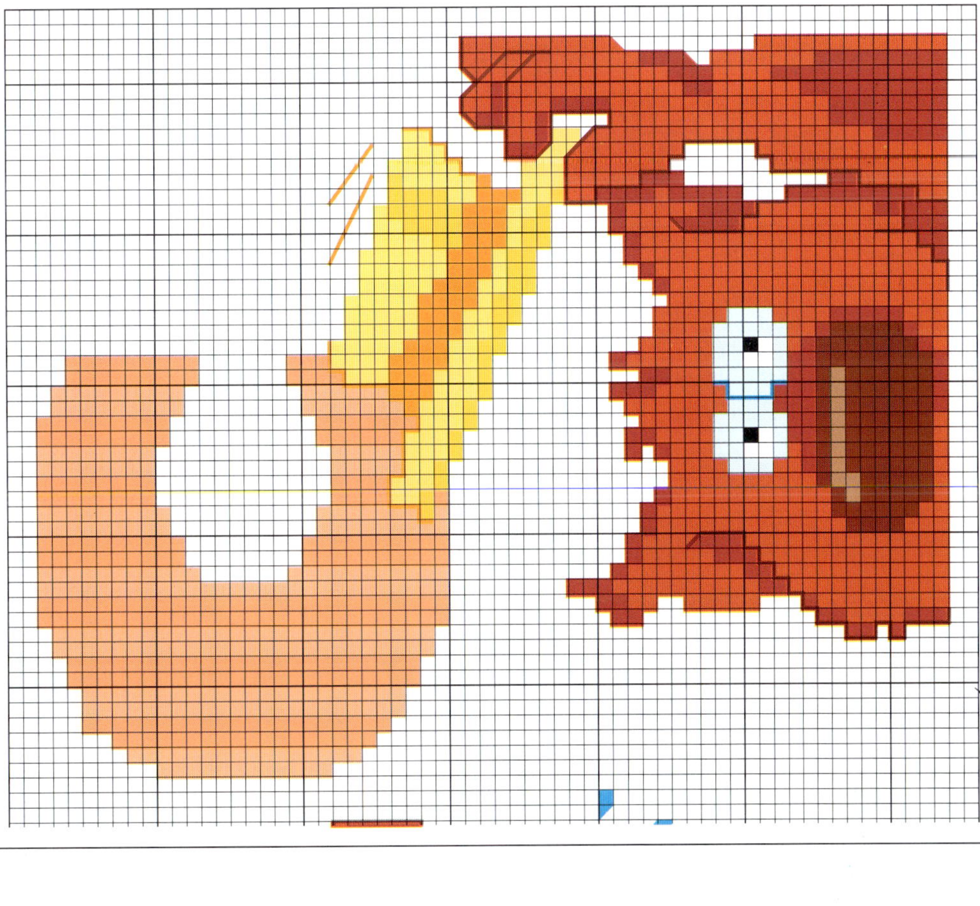

# TEDDY, DER BÄR

Teddy ist ein Bärchen, das ein berühmter englischer Kinderbuch-Illustrator gezeichnet hat: Mick Inkpen.
In seinen herzerfrischenden, hübsch gezeichneten Geschichten kommen häufig kleine Hasen, Bären, Schweinchen und andere Tierfiguren vor, die alles wissen wollen, spielen und sich überhaupt benehmen wie kleine Kinder.
Genauso ist auch Teddy, ein süßer kleiner Stoffbär.
Er hat zwei verschiedene Pfoten, einen Knopf anstelle des einen Auges und ein weiches Bäuchlein – richtig zum Knuddeln.

- 415
- 420
- 444
- 445
- 606
- 647
- 742
- 827
- 973
- 976
- 3773

- 413
- 415
- 420
- 422
- 444
- 445
- 606
- 647
- 680
- 742
- 775
- 827
- 973
- 976
- 3773
- schwarz
- weiß

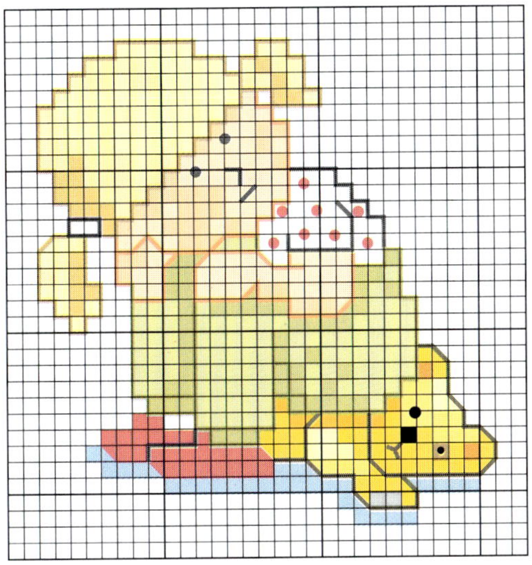

| | |
|---|---|
| 317 | 742 |
| 353 | 754 |
| 415 | 827 |
| 420 | 973 |
| 422 | 976 |
| 444 | 3047 |
| 445 | 3348 |
| 471 | 3712 |
| 612 | 3773 |
| 718 | schwarz |
| 731 | weiß |

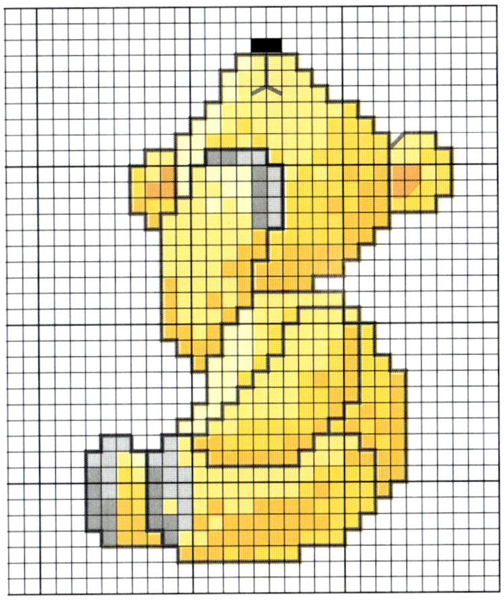

| | | | |
|---|---|---|---|
| 413 | 444 | 742 | 973 |
| 415 | 445 | 973 | 976 |
| 420 | 647 | 976 | schwarz |

| | |
|---|---|
| 317 | 819 |
| 353 | 827 |
| 321 | 973 |
| 420 | 976 |
| 444 | 3078 |
| 445 | 3712 |
| 612 | 3747 |
| 677 | 3756 |
| 722 | 3773 |
| 742 | 3790 |
| 754 | schwarz |
| 809 | weiß |
| 816 | |

| |
|---|
| 317 |
| 353 |
| 606 |
| 612 |
| 677 |
| 754 |
| 809 |
| 819 |
| 3790 |
| 3712 |

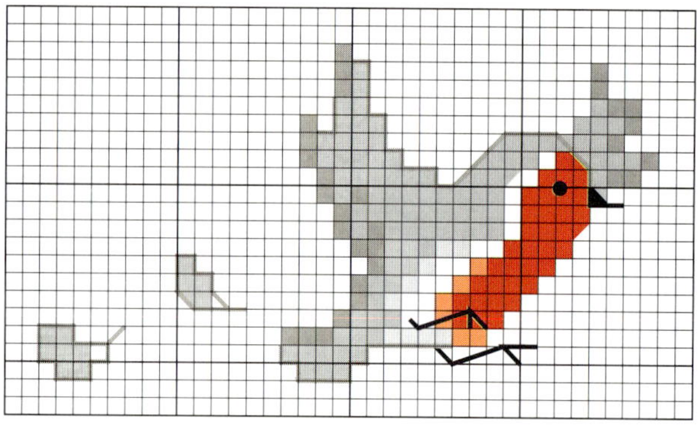

- 312
- 351
- 415
- 451
- 647
- schwarz
- weiß

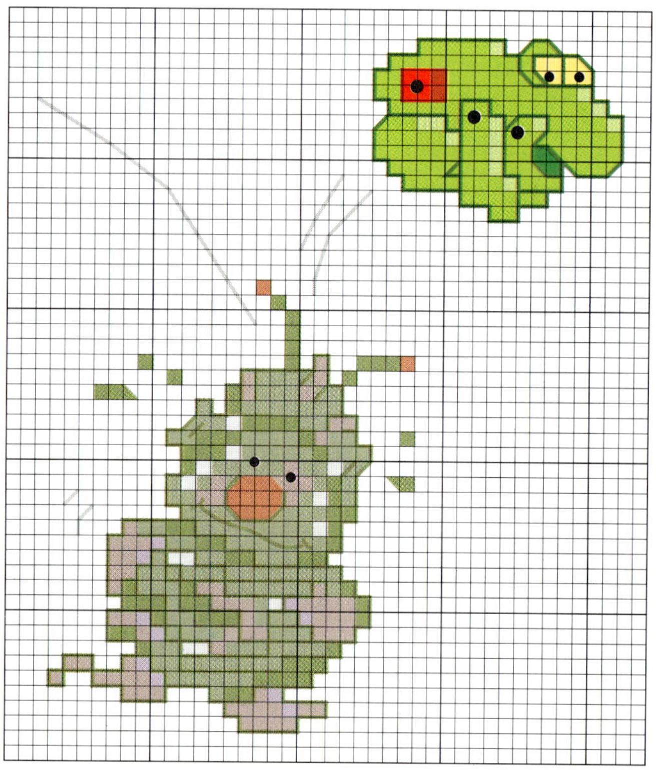

- 209
- 321
- 414
- 415
- 444
- 606
- 702
- 730
- 904
- 906
- 907
- 3053
- 3347
- 3688
- 3727
- schw.

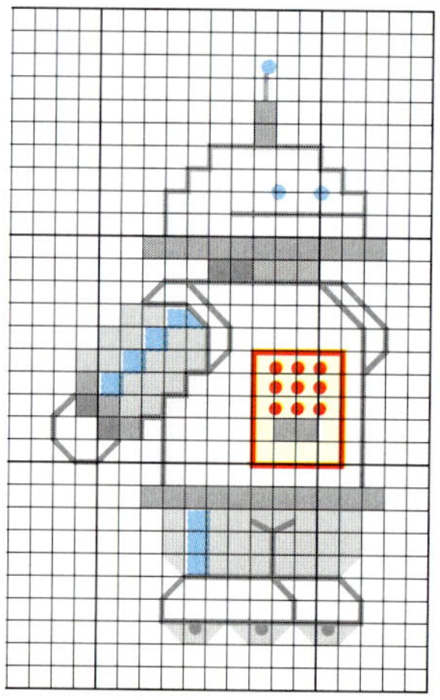

- 318
- 606
- 645
- 647
- 762
- 927
- 3078
- 3766
- weiß

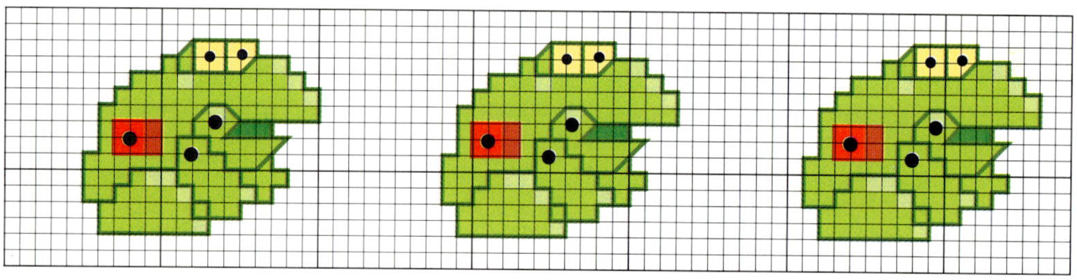

- 321
- 444
- 606
- 702
- 904
- 906
- 907
- schwarz

- 413
- 415
- 420
- 444
- 445
- 606
- 647
- 722
- 822
- 827
- 927
- 742
- 972
- 976
- 3047
- 3078
- 3747
- 3756
- 3773
- schw.

- 415
- 420
- 444
- 647
- 722
- 727
- 742
- 809
- 973
- 976
- 3047
- 3747
- 3773
- 3825
- schwarz
- weiß

- 322
- 334
- 353
- 415
- 420
- 444
- 445
- 612
- 645
- 647
- 677
- 754
- 762
- 809
- 819
- 827
- 838
- 840
- 973
- 976
- 3712
- 3747
- 3756
- 3773
- 3790
- schwarz
- weiß

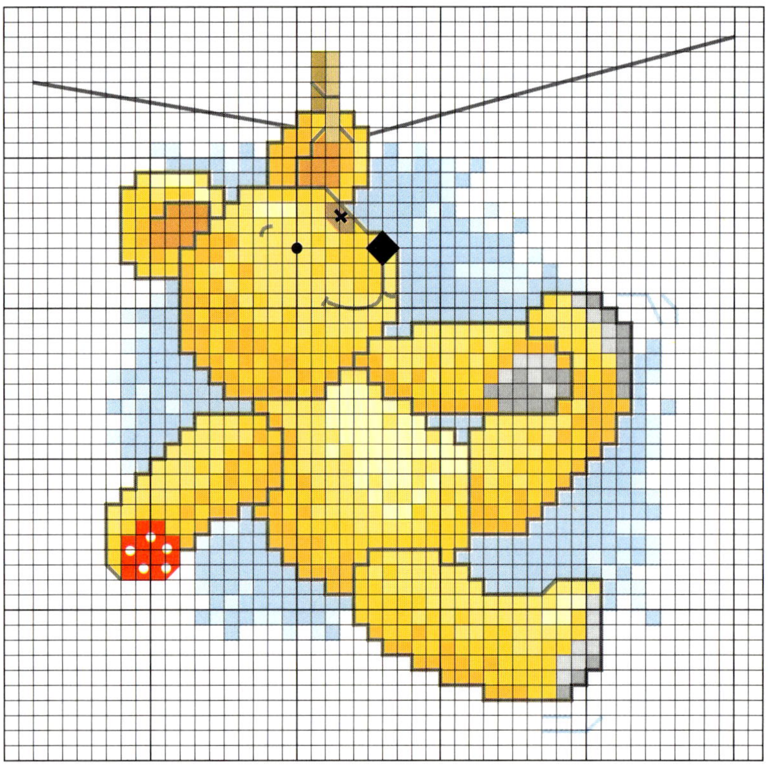

- 413
- 415
- 420
- 444
- 445
- 606
- 647
- 677
- 742
- 775
- 834
- 973
- 976
- 3078
- 3747
- 3773
- schwarz
- weiß

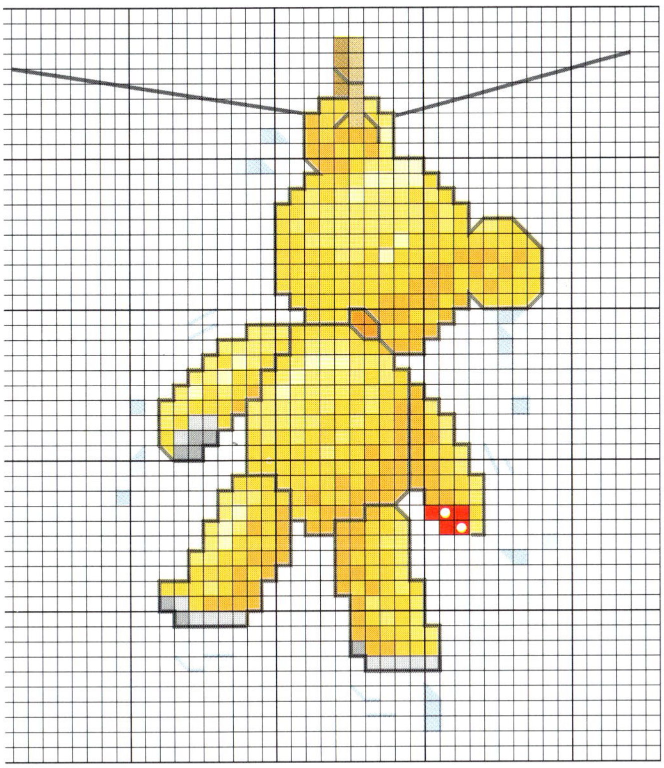

- 413
- 415
- 420
- 444
- 445
- 606
- 647
- 677
- 740
- 742
- 775
- 834
- 973
- 3747
- weiß

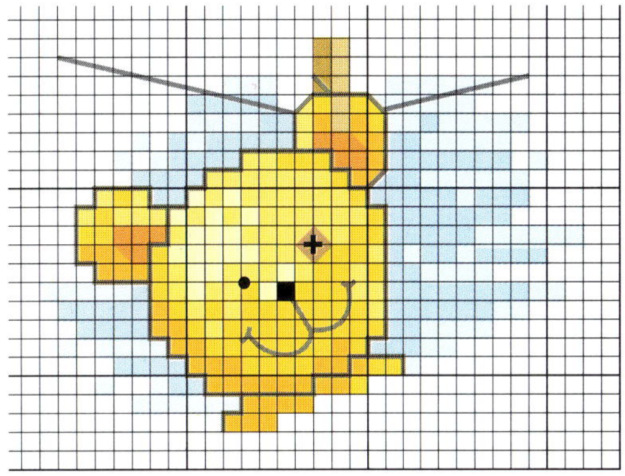

- 775
- 834
- 973
- 976
- 3747
- 3773
- schwarz
- 317
- 420
- 444
- 445
- 677
- 742

- 444
- 445
- 606
- 647
- 742
- 754
- 809
- 819
- 827
- 973
- 976
- 3712
- 3747
- 3773
- schwarz
- weiß

# DER KLEINE PINGUIN

Auch diese Tierfigur schuf der englische Illustrator mit dem dichterischen Talent: Mick Inkpen. Der kleine Pinguin lebt am Nordpol, zusammen mit anderen Pinguinen – zumindest in dieser Geschichte. Da aber am Nordpol die bösen, reizbaren Eisbären leben, wandern alle Pinguine aus und schwimmen zum Südpol. Nur der kleine Pinguin kann nicht mitkommen, denn ... er kann nicht schwimmen! Mit der Hilfe eines freundlichen Schneemannes und nach vielen Abenteuern lernt der kleine Pinguin, der nicht schwimmen kann, das Fliegen. So kommt schließlich auch er am Südpol bei seinen Freunden an.

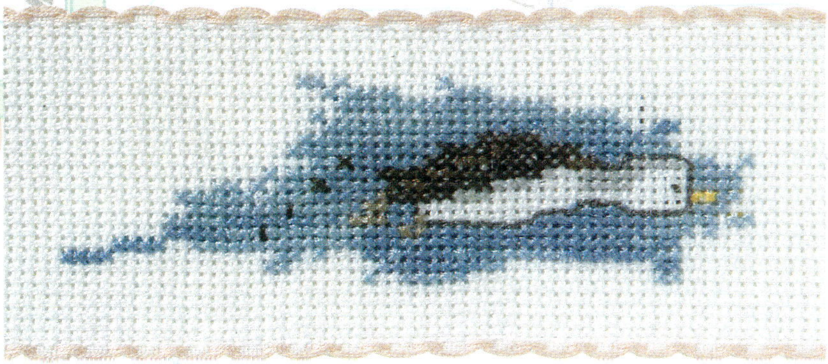

- 317
- 318
- 415
- 809
- 827
- 844
- 926
- 973
- 3023
- 3747
- 3787
- weiß

- 317
- 318
- 334
- 415
- 742
- 827
- 973
- 996
- 844
- 3023
- 3325
- 3756
- 3787
- weiß

- 606
- 645
- 722
- 827
- 973
- 3808
- weiß

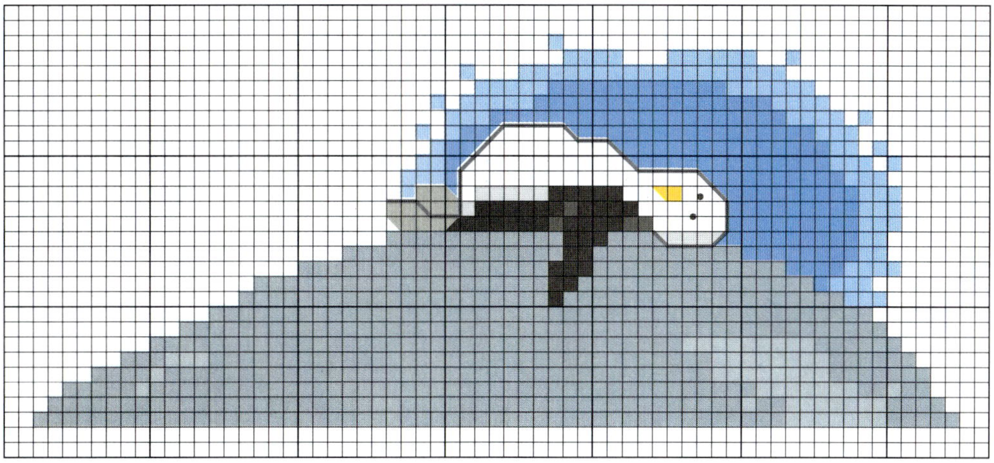

- 317
- 415
- 809
- 827
- 844
- 932
- 973
- 3023
- 3752
- 3785
- weiß

- 317
- 415
- 417
- 598
- 775
- 809
- 827
- 844
- 973
- 3023
- 3787
- weiß

| | | |
|---|---|---|
| 727 | 827 | 3078 |
| 775 | 932 | 3752 |
| 809 | 966 | 3808 |

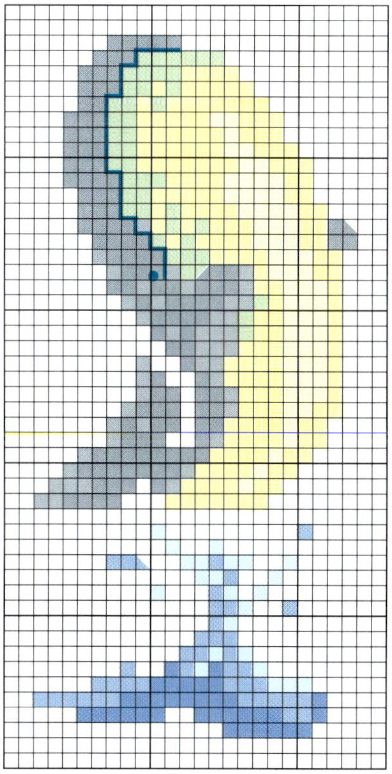

- 317
- 318
- 415
- 543
- 809
- 827
- 844
- 972
- 3023
- 3047
- 3078
- 3752
- 3782
- 3787
- weiß

- 300
- 317
- 318
- 417
- 606
- 702
- 704
- 800
- 809
- 869
- 827
- 844
- 904
- 927
- 938
- 973
- 975
- 3023
- 3787
- weiß

| | | |
|---|---|---|
| 300 | 800 | 973 |
| 317 | 809 | 975 |
| 415 | 827 | 3047 |
| 606 | 834 | 3752 |
| 702 | 844 | 3782 |
| 704 | 869 | 3787 |
| 727 | 904 | weiß |
| 742 | 938 | |

300
317
318
334
415
598
606
702
704
800
809
827
844
869
904
938
973
975
964
966
3023
3787
weiß

| | | | | |
|---|---|---|---|---|
| 300 | 518 | 704 | 869 | 973 |
| 317 | 598 | 742 | 904 | 975 |
| 318 | 606 | 834 | 938 | 3787 |
| 415 | 702 | 844 | 964 | weiß |

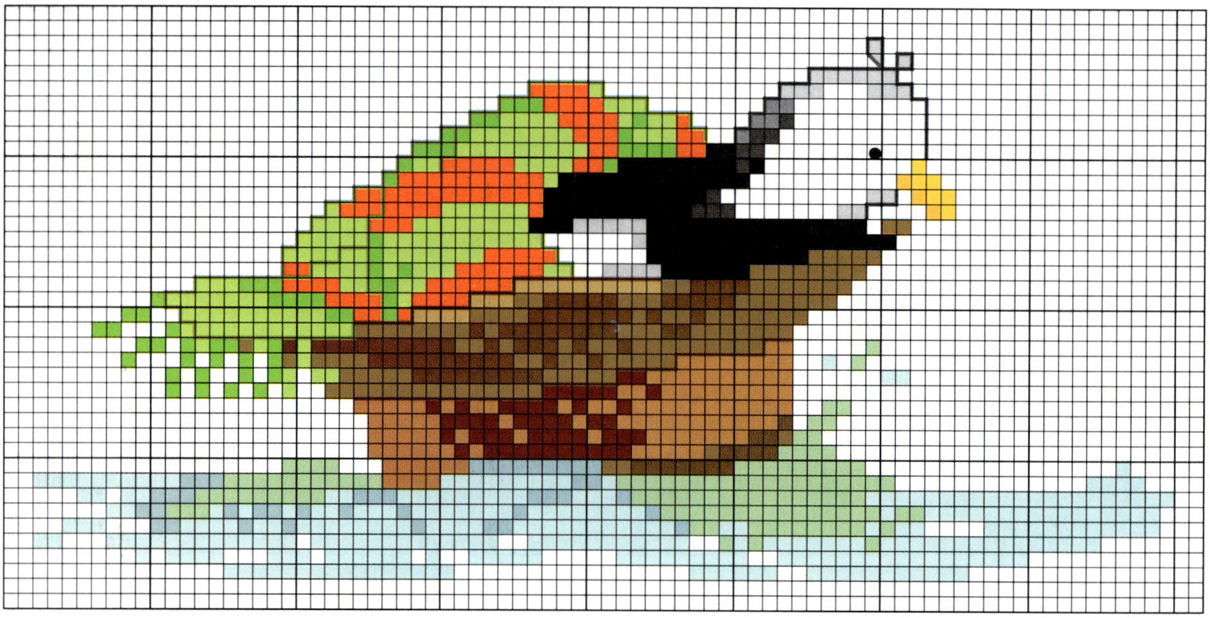

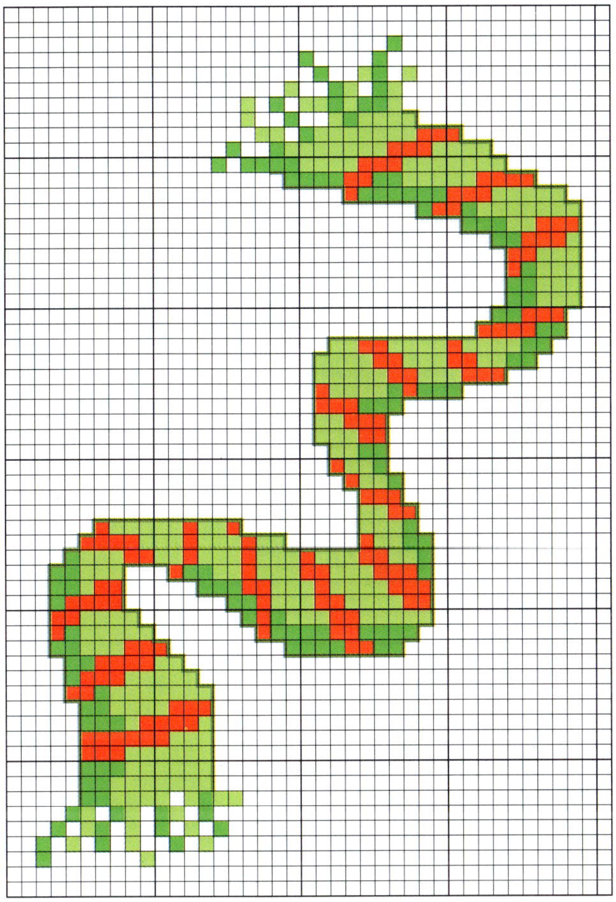

- 606
- 702
- 704
- 904

- 300
- 317
- 334
- 415
- 518
- 606
- 702
- 704
- 775
- 834
- 844
- 869
- 904
- 964
- 973
- 975
- weiß

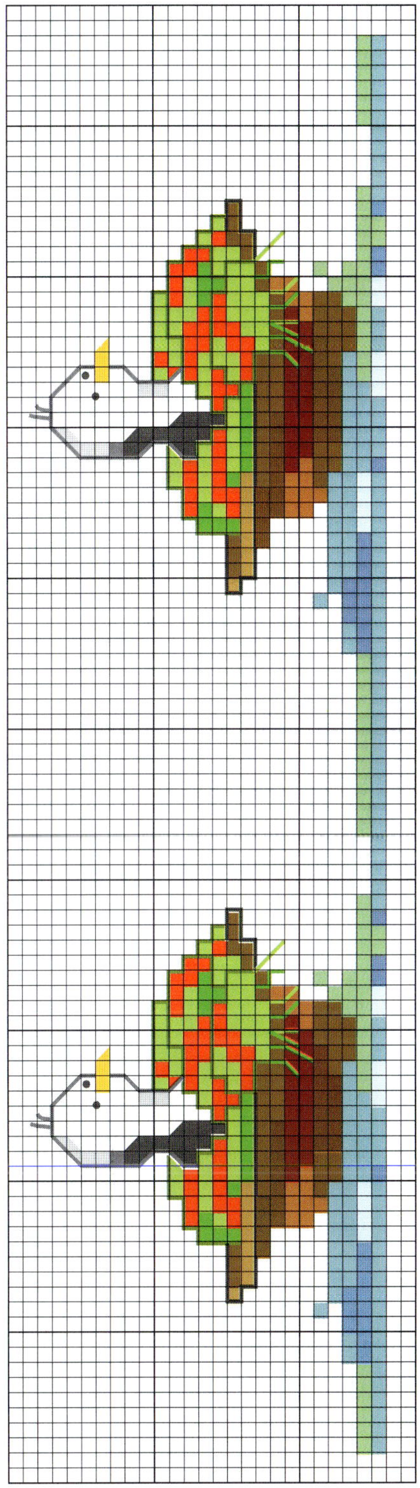

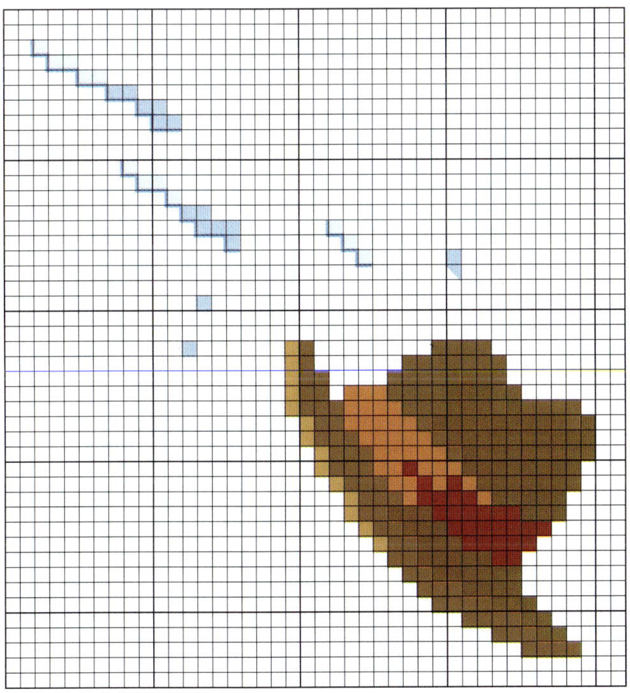

- 300
- 775
- 809
- 827
- 834
- 869
- 938
- 975

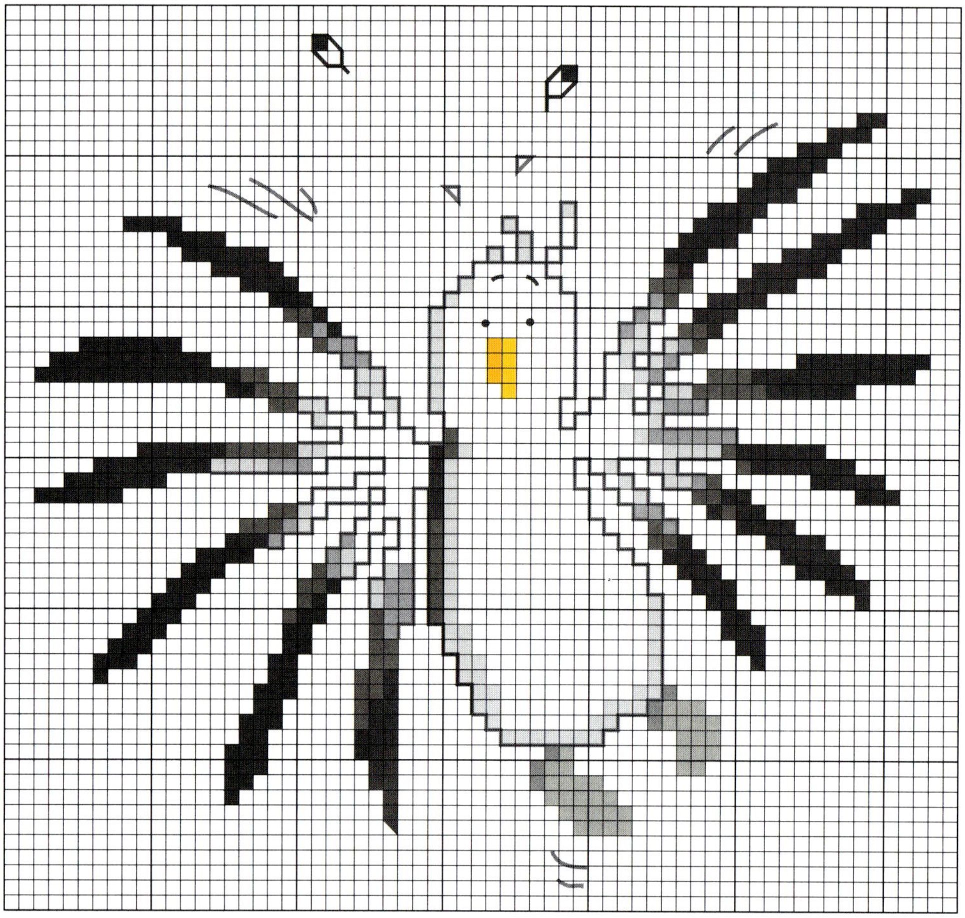

- 317
- 318
- 415
- 742
- 762
- 844
- 926
- 973
- 3023
- 3787
- weiß

- 317
- 318
- 809
- 827
- 844
- 973
- 3023
- 3756
- 3787
- weiß

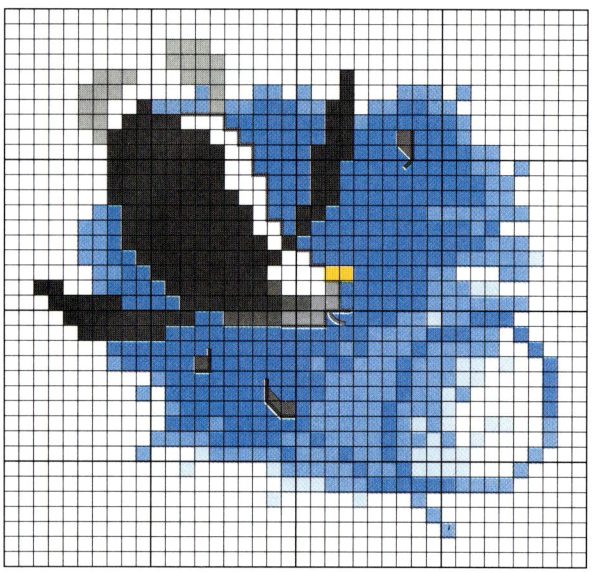

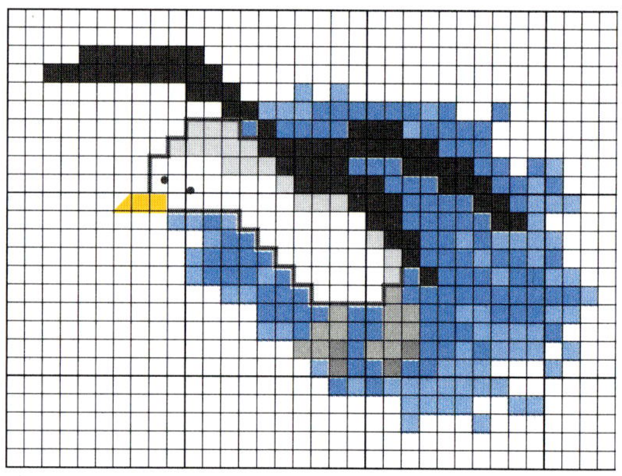

- 317
- 415
- 809
- 827
- 844
- 926
- 973
- 3023
- weiß

- 317
- 318
- 415
- 809
- 827
- 844
- 973
- 3023
- 3787
- weiß

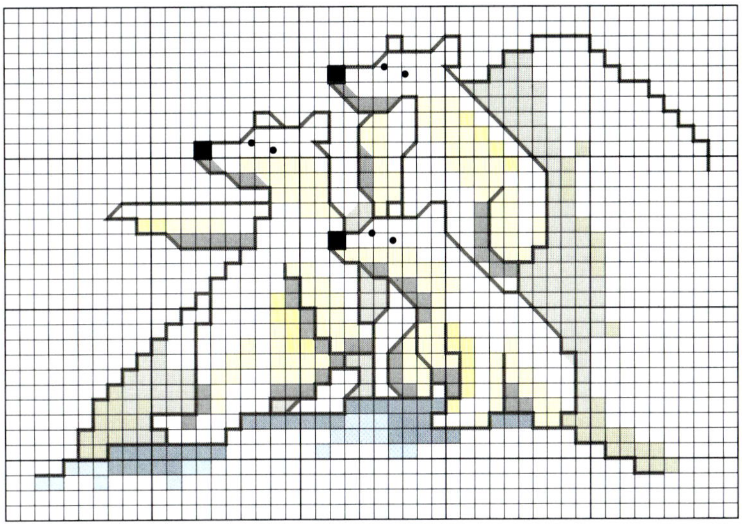

- 647
- 648
- 727
- 3078
- 3747
- 3752
- 3782
- 3787
- schw.
- weiß

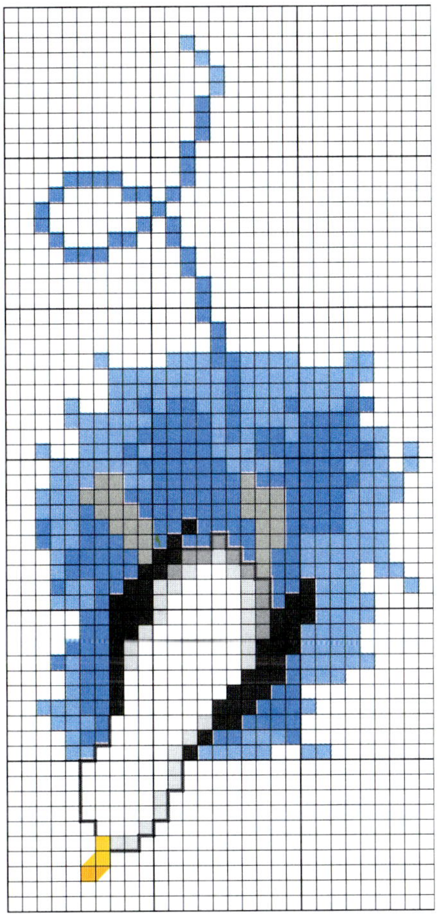

- 317
- 318
- 415
- 742
- 809
- 827
- 844
- 973
- 3023
- weiß

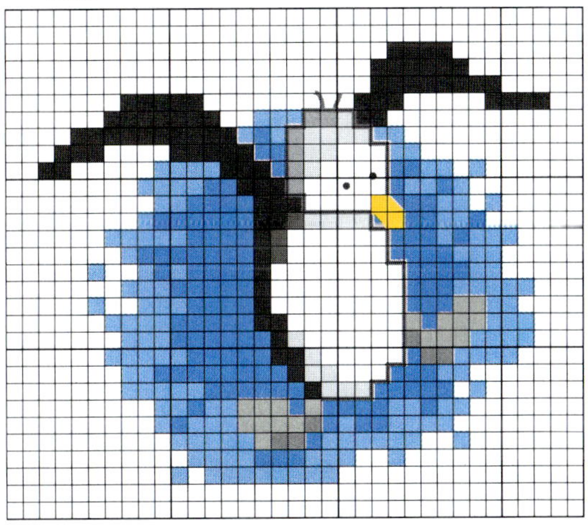

- 317
- 318
- 415
- 809
- 827
- 844
- 926
- 973
- 3023
- 3787
- weiß

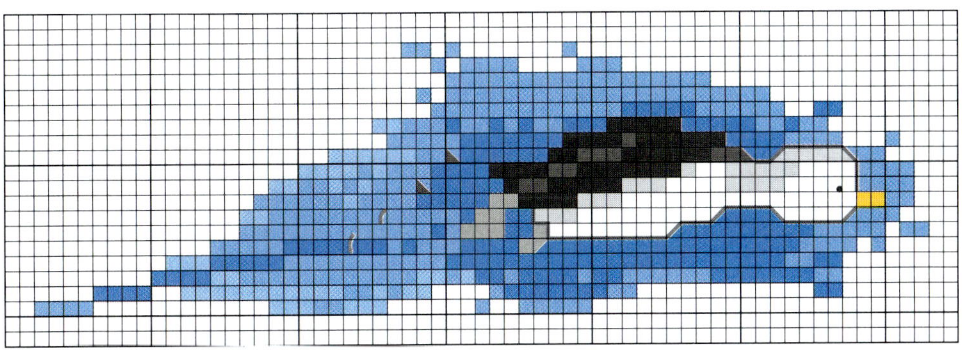

- 317
- 415
- 809
- 827
- 844
- 973
- 3023
- 3787
- weiß

# FELIX, DER HASE

Felix, der Hase, ist ein Weltenbummler und entstammt der gemeinsamen
Arbeit zweier junger deutscher Autorinnen:
Annette Langen und Costanza Droop.
Erstere ist schon als Kind viel herumgekommen und hat ihre Reiseerlebnisse in die Geschichten vom Hasen Felix eingebaut, letztere hat
mit glücklicher Hand alles in Bilder umgesetzt.
Felix ist der Stoffhase eines kleinen Mädchens namens Sophie.
Beide sind unzertrennlich. Doch eines Tages verschwindet Felix plötzlich.
Nach einiger Zeit erhält Sophie einen Brief von ihm, abgeschickt in einem
fernen Land. So fangen die Reiseabenteuer des Hasen an,
von denen er detailliert in seinen Briefen an Sophie erzählt.
Felix bereist ein Land nach dem anderen und ist inzwischen bei Kindern
in aller Welt bekannt und beliebt.

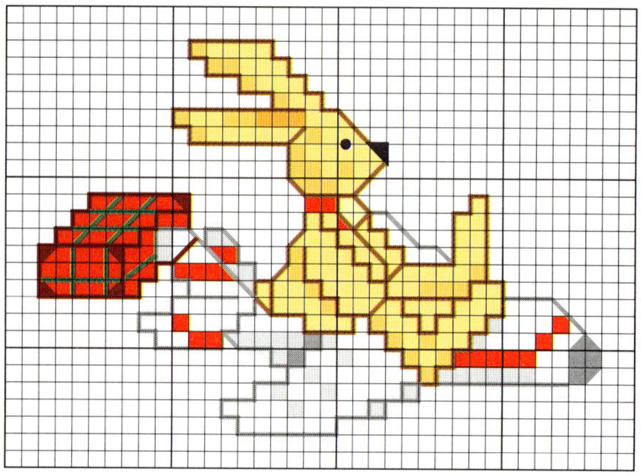

- 415
- 434
- 445
- 606
- 725
- 726
- 742
- 645
- 898
- 986
- schwarz
- weiß

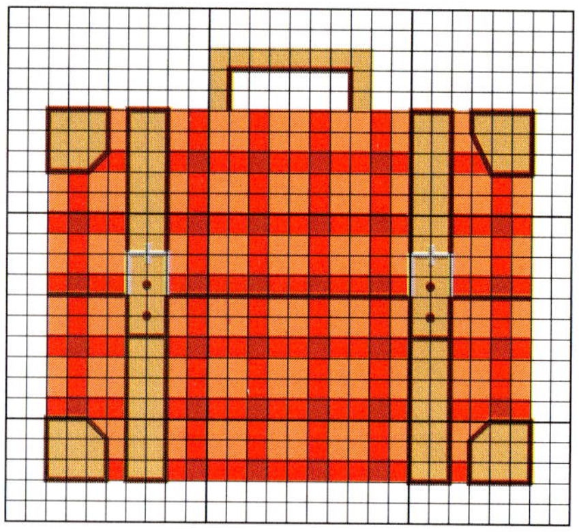

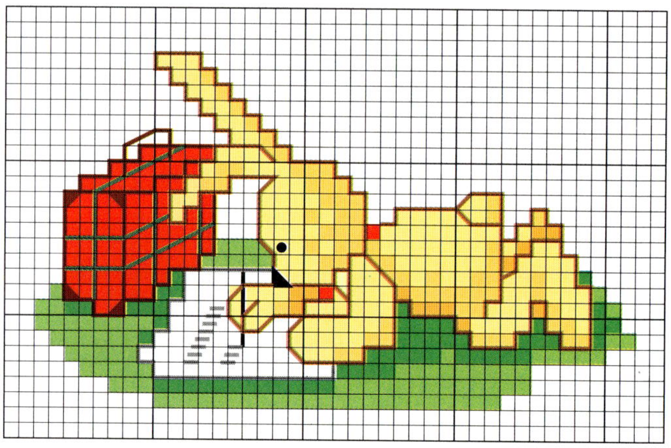

- 434
- 445
- 606
- 645
- 702
- 704
- 725
- 726
- 742
- 898
- 986
- schwarz
- weiß

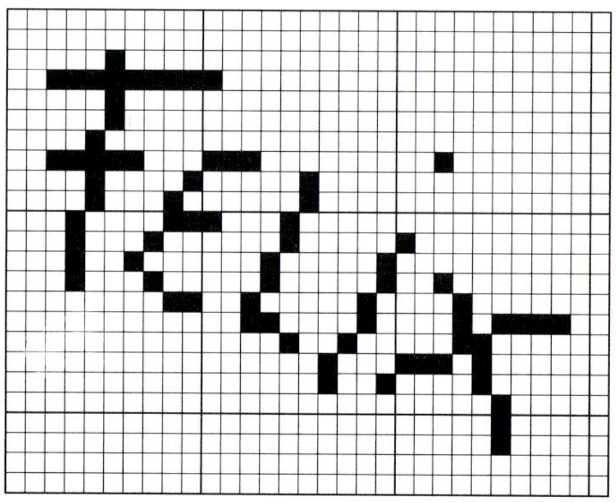

- schwarz

- 210
- 433
- 434
- 553
- 699
- 726
- 422
- 725
- 742
- 760
- 761
- 826
- 912
- 954
- 3047
- 3712
- schwarz
- weiß

- 434
- 445
- 606
- 699
- 725
- 726
- 742
- 824
- 826
- 898
- 986
- 3761
- schwarz
- weiß

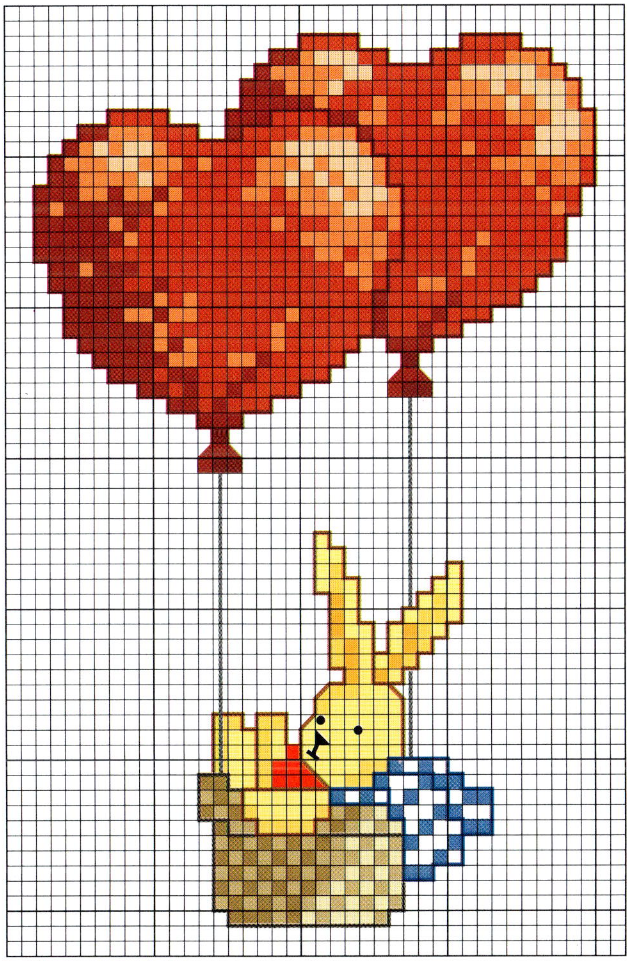

| | | | | |
|---|---|---|---|---|
| 417 | 322 | 677 | 754 | 3047 |
| 420 | 334 | 725 | 816 | schwarz |
| 434 | 351 | 726 | 834 | weiß |
| 321 | 606 | 742 | 902 | |

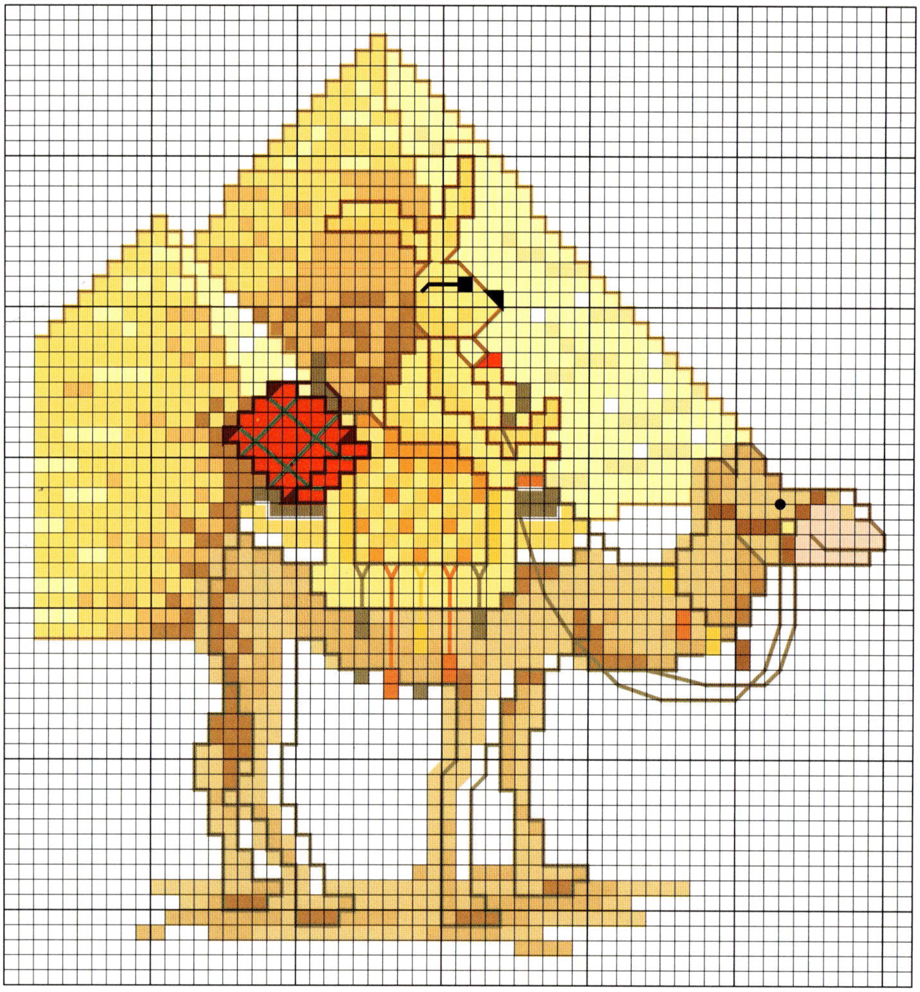

- 434
- 435
- 444
- 445
- 606
- 611
- 676
- 680
- 720
- 725
- 726
- 740
- 761
- 783
- 898
- 973
- 986
- 3047
- schwarz
- weiß

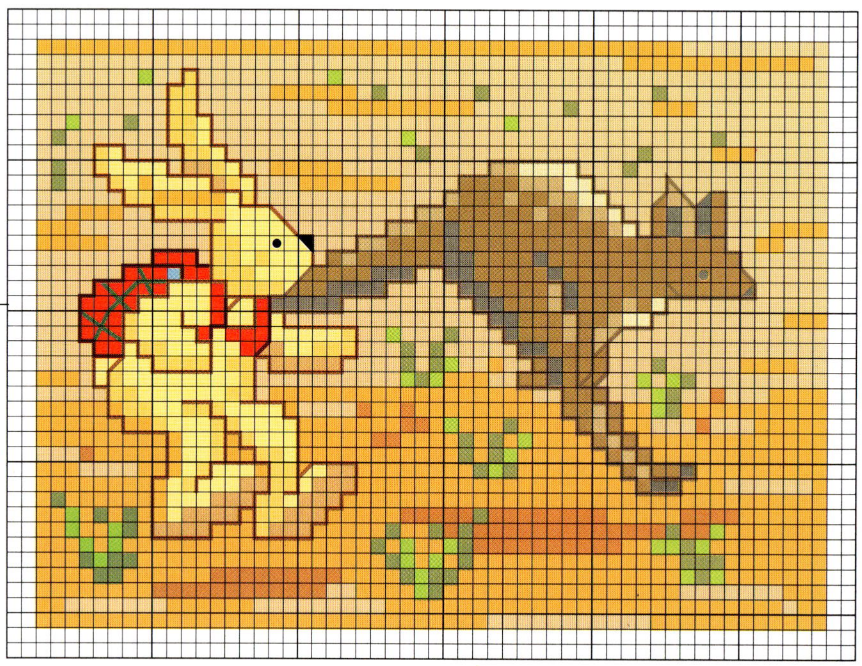

- 434
- 519
- 606
- 611
- 676
- 677
- 680
- 726
- 725
- 742
- 834
- 898
- 906
- 976
- 986
- 3047
- 3347
- 3790
- schwarz

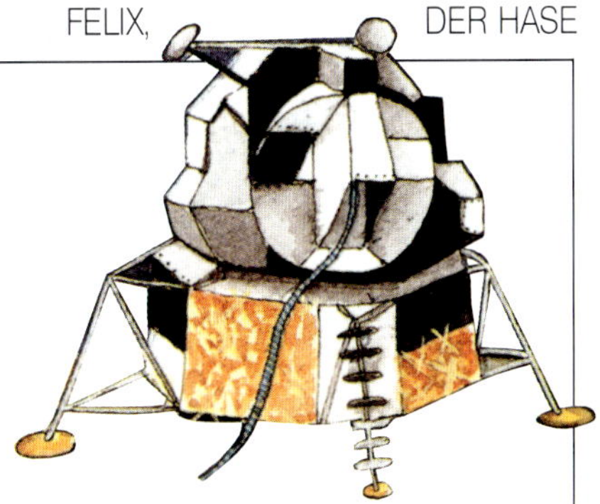

- 223
- 317
- 318
- 334
- 415
- 434
- 518
- 524
- 606
- 645
- 702
- 725
- 726
- 731
- 824
- 827
- 926
- schwarz
- weiß

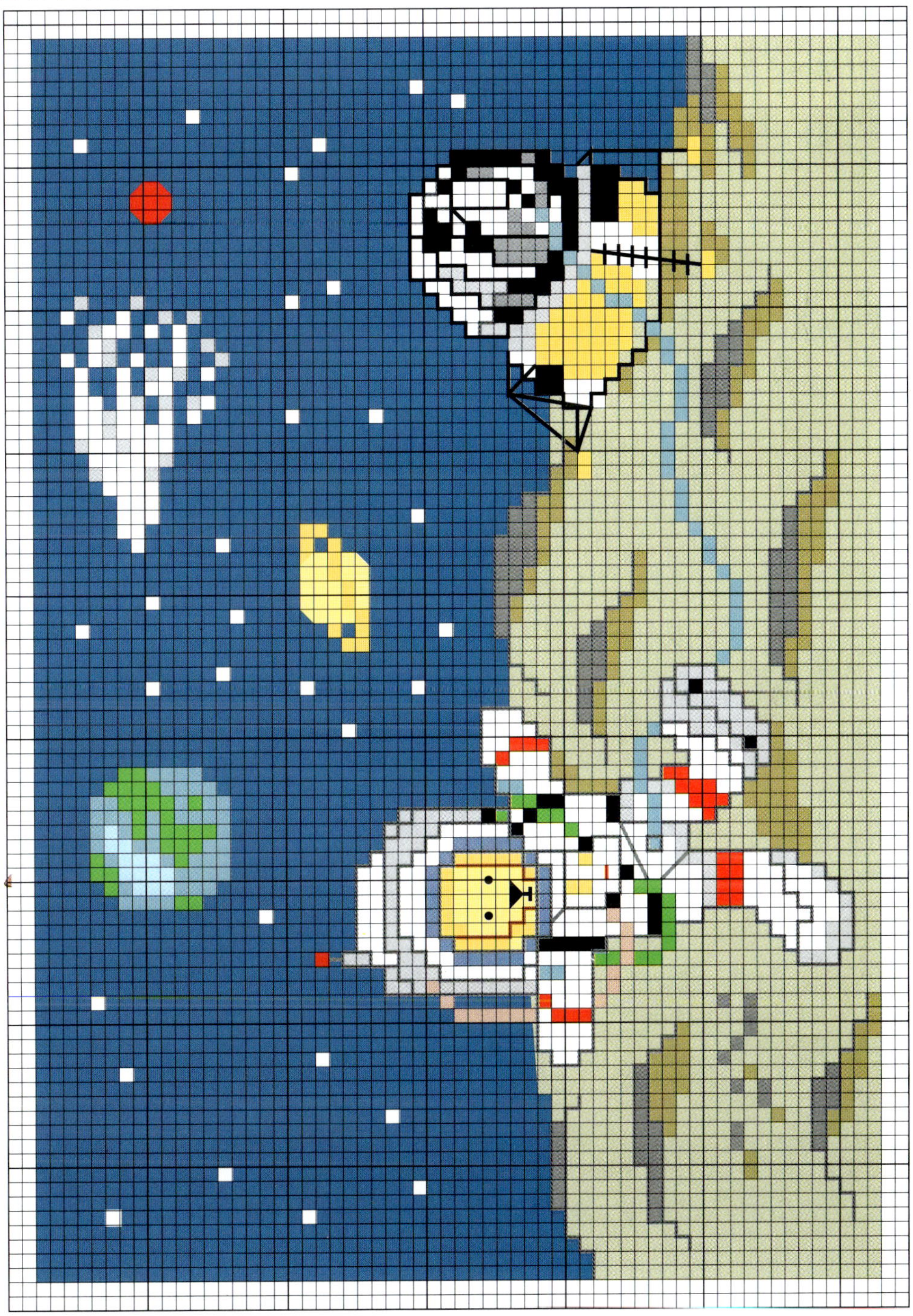

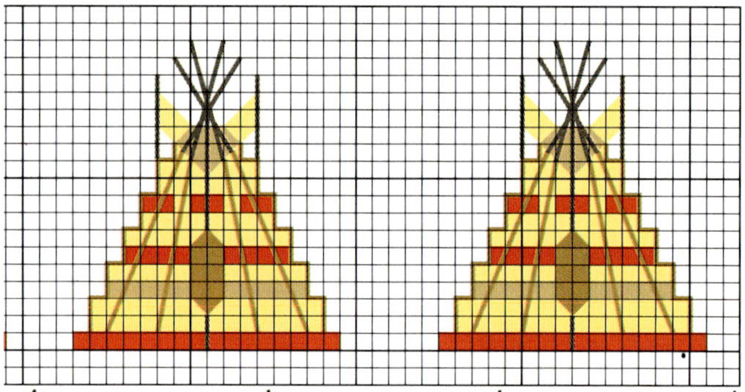

- 321
- 677
- 726
- 420
- 843

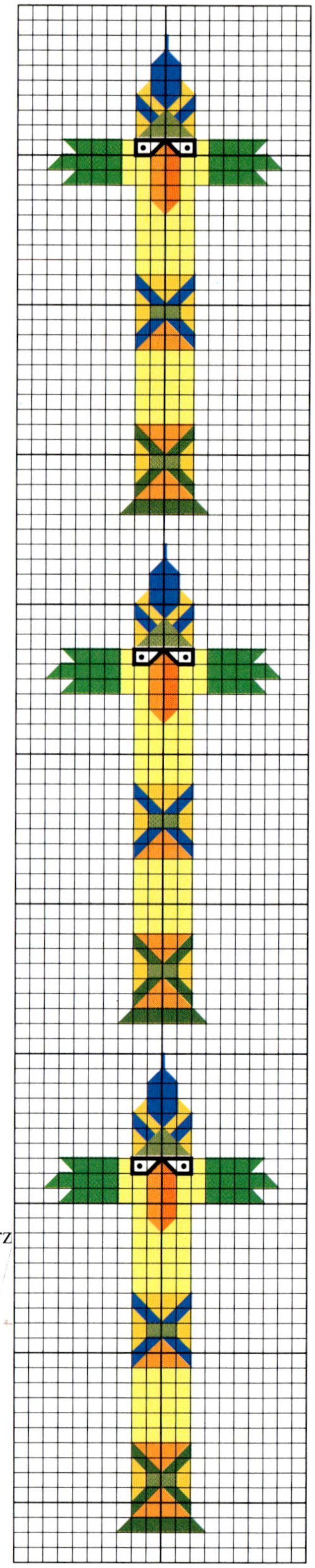

- 307
- 608
- 702
- 740
- 973
- 798
- 904
- 3347
- schwarz
- weiß

- 415
- 434
- 445
- 606
- 645
- 647
- 680
- 725
- 726
- 742
- 898
- 906
- 927
- 986
- 3747
- schwarz
- weiß

- 415
- 434
- 445
- 451
- 606
- 612
- 647
- 676
- 725
- 726
- 742
- 898
- 954
- 966
- 976
- 986
- 3072
- 3033
- 3047
- schwarz
- weiß

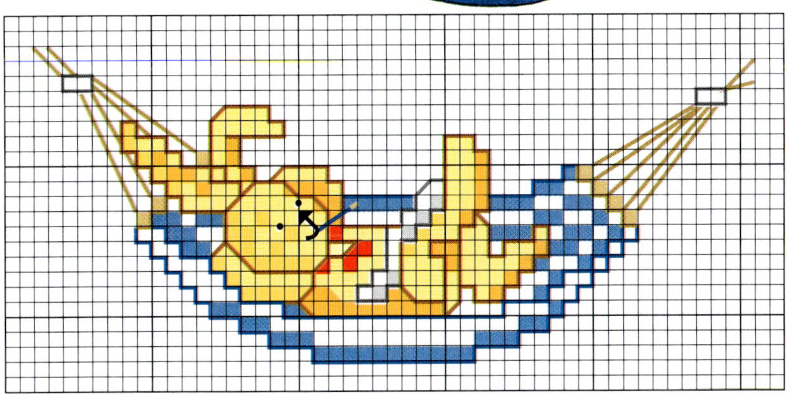

- 322
- weiß
- 334
- 415
- 422
- 434
- 445
- 606
- 645
- 725
- 726
- 742
- 834
- schw.

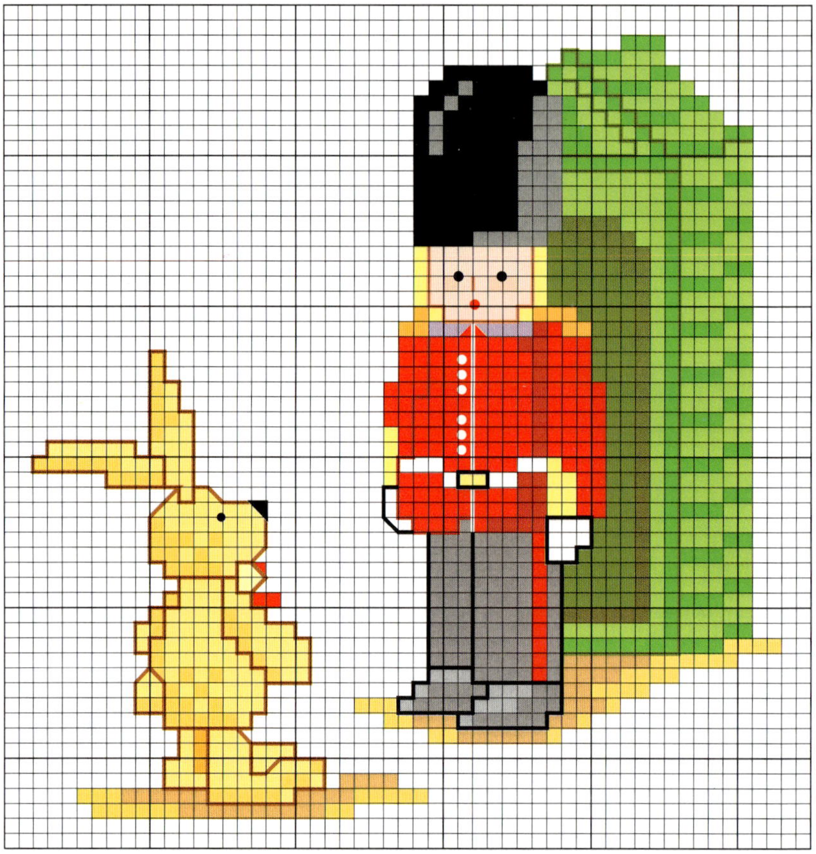

- 307
- 321
- 340
- 434
- 445
- 451
- 680
- 725
- 726
- 742
- 606
- 647
- 702
- 704
- 761
- 904
- 937
- 3713
- 3713
- schwarz
- weiß

| | | | | | |
|---|---|---|---|---|---|
| 434 | 445 | 612 | 704 | 742 | |
| 435 | 606 | 676 | 726 | 3047 | schwarz |
| 436 | 611 | 702 | 725 | 3790 | weiß |

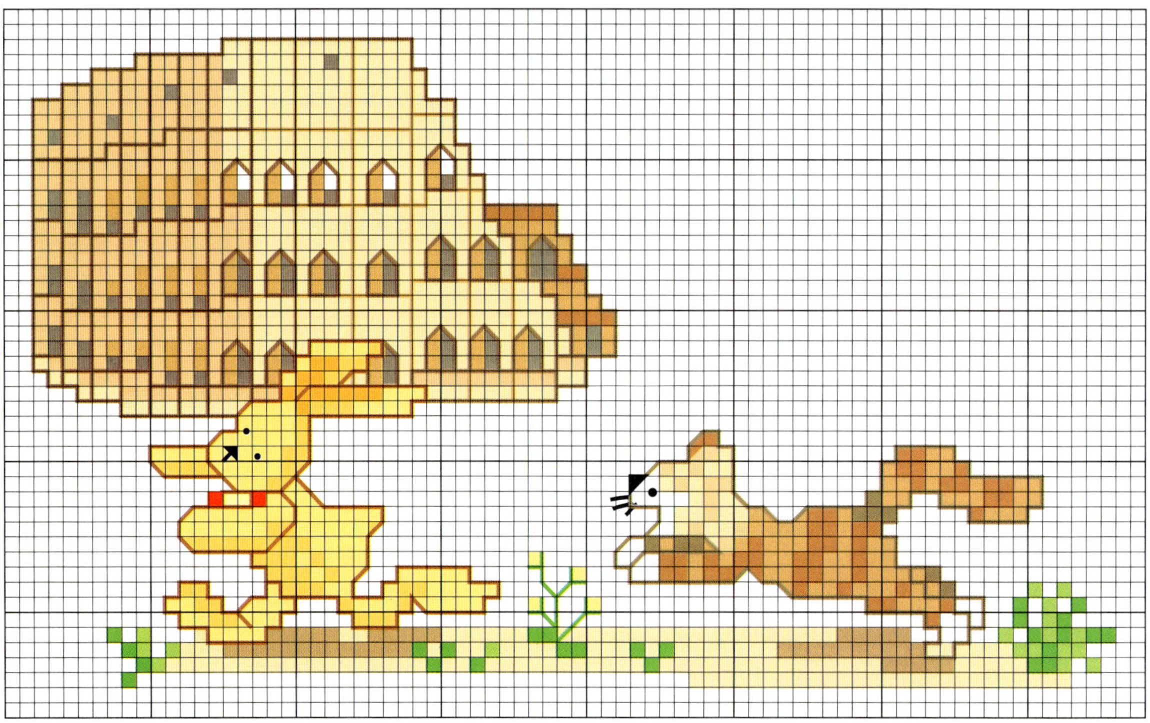

- 221
- 317
- 321
- 352
- 422
- 434
- 451
- 606
- 648
- 677
- 722
- 725
- 726
- 742
- 798
- 834
- 841
- 898
- 986
- 3064
- 3078
- 3790
- 3747
- 3756
- schwarz
- weiß